GÉNÉALOGIE

DE

TILLETTE

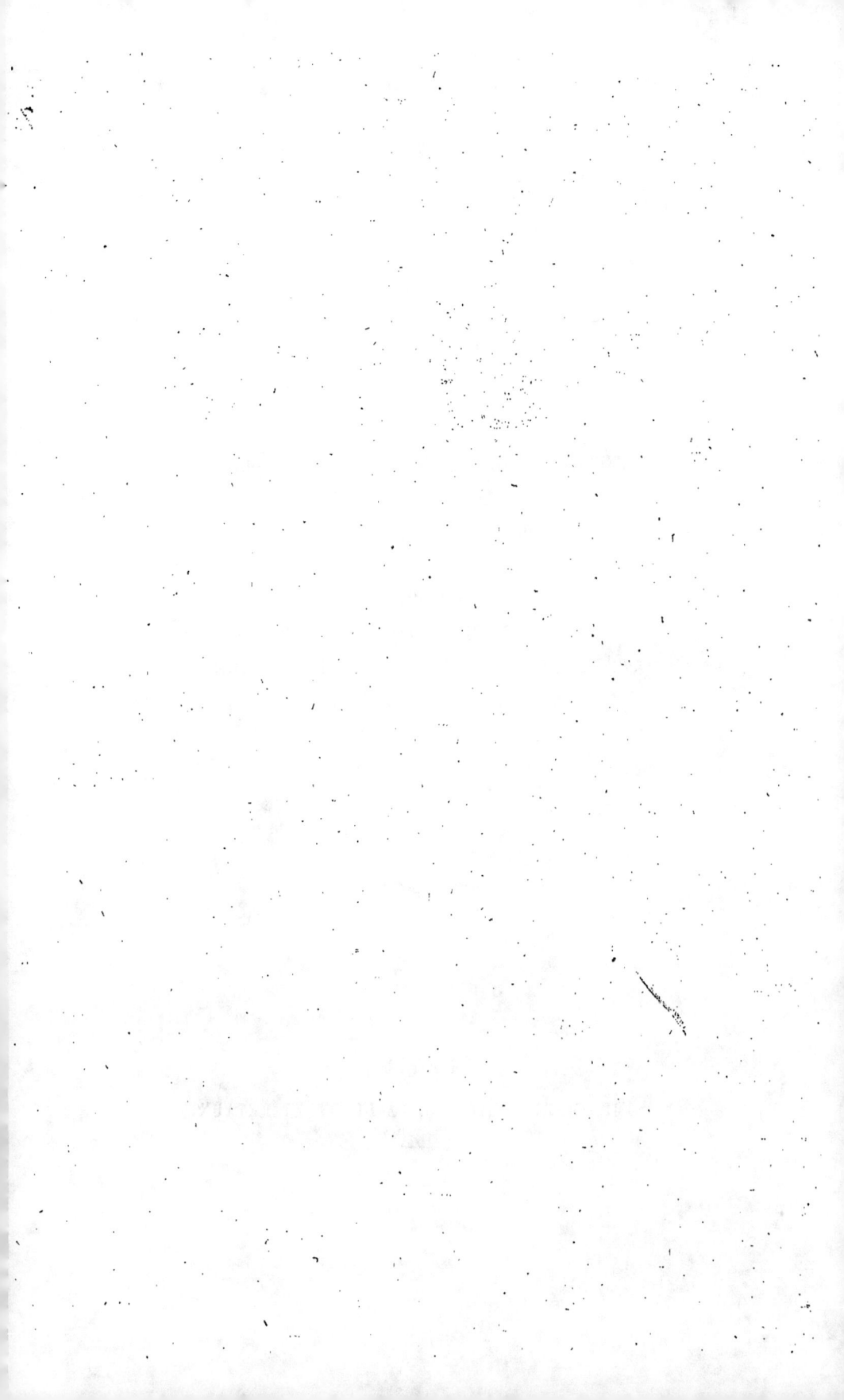

GÉNÉALOGIE

DE

TILLETTE

SEIGNEURS DE MAUTORT, CAMBRON, HANGEST-SUR-SOMME,

EAUCOURT-SUR-SOMME,

COMTES & BARONS DE MAUTORT, COMTES DE CLERMONT-TONNERRE ;

SEIGNEURS DE BELLEVILLE ;

DU MESNIL ;

D'OFFINICOURT, PORT, LONGVILLERS ;

D'ACHERY, ACHEUX, BRANCOURT, CATIGNY, COURCELLES ;

RUIGNY, HESDIMEUX, YONVAL, ESPAGNE ;

BUIGNY, LE MESGE, BIENCOURT ;

WOIREL, LE BUS.

ABBEVILLE,

IMPRIMERIE BRIEZ, C. PAILLART ET RETAUX.

—

1870.

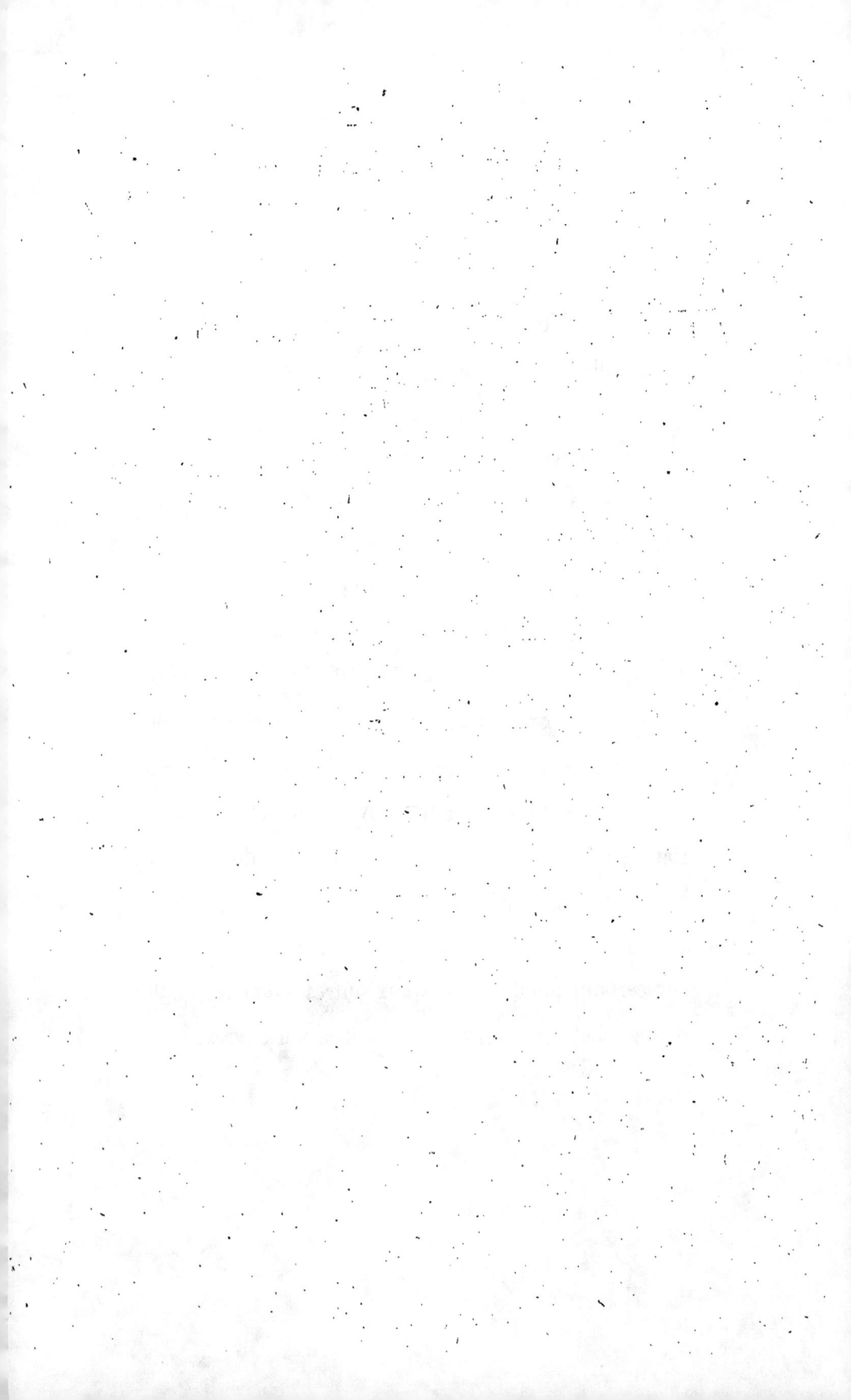

Cette famille est une des plus anciennes de la ville d'Abbeville d'où elle paraît originaire. La généalogie en a été faite, avec de très-grands détails, par M. Charles-Claude Lefebvre du Grosriez, mort en 1818, qui avait mis plus de vingt ans à rédiger ce travail, et qui lui-même s'était aidé des ouvrages de plusieurs savants ses prédécesseurs. Je citerai entre autres l'*Histoire des Mayeurs d'Abbeville* du père Ignace Sanson, carme déchaussé; les manuscrits de l'abbé Butteux, diacre d'office de la paroisse de Saint-Sépulcre; celui de l'abbé Le Sueur, curé de la même paroisse; le *Nobiliaire de Picardie*, de Villers de Rousseville, et celui du sieur Haudiquet de Blancourt. Seulement M. du Grosriez n'ayant pas eu sous les yeux les papiers de famille de la branche aînée, j'ai dû le compléter et le rectifier sur certains points. Quant aux autres branches, je les donne telles qu'elles se trouvent dans son ouvrage.

TILLETTE

———

I

[1] Colart TILLETTE, vivant à Abbeville en 1380 et
1411, père, à ce que l'on croit, de Jean, qui suit.

II

Jean TILLETTE, vivant en 1390, est mort en 1421.
Il vivait aussi en juin 1387 et possédait un fief à
Renière-Écluse dont dépendaient quatre autres fiefs.

Marié à demoiselle

Dont Jean, qui suit.

---

[1] Ces premiers degrés sont dus à M. Delattre de Colleville, notaire
à Saint-Vallery; ils sont en partie confirmés par les anciens registres
de l'hôtel-de-ville ou d'anciens cœuilloirs des paroisses.

III

Jean TILLETTE, vivant en 1421 et 1437. L'abbé Butteux cite M. de Montigny comme ayant dit avoir vu son nom sur une vitre de l'église Saint-Jacques.

Marié à demoiselle Méroé PALETTE.

Dont Honoré, qui suit.

IV

Honoré TILLETTE, vivant à Abbeville en 1472 et 1474, fut échevin dans cette dernière année.

Marié vers 1441, à demoiselle Marguerite DE CAUMONT, fille de Jacques de Caumont, écuyer.

Dont Colart, qui suit.

V

Colart TILLETTE, vivant en 1480, fut nommé le huitième échevin en 1493, et le fut encore en 1494, 95 et 96.

Marié vers 1472, selon l'abbé Butteux, à demoiselle

MARGUERITE DE MAROEUIL, qui vivait encore, veuve sans doute, en 1518, que Jeanne Tillette, sa fille, la rappelle en son testament et lui fait un legs. Elle était fille de Hue de Marœuil, vivant en 1446. Elle apporta en dot, entre autres immeubles, l'hôtel de Gaignes, situé rue d'Ameudin, depuis des Pots [1].

Dont :

1° Mathieu TILLETTE, qui suit.

2° Joannet TILLETTE, mort avant 1535.

3° Demoiselle Jeanne TILLETTE a testé le 28 janvier 1518 devant Mes Jean Lenglachié et Jean Prevost, auditeurs en Ponthieu. Il est facile de voir, par cet acte, qu'elle n'avait pas d'enfants, puisqu'elle ne lègue qu'à ses parents et à ceux de son mari.

Mariée à Aléaume GOUVION, échevin en 1520.

4° Barbette TILLETTE n'est connue que par le legs que lui fait sa sœur Jeanne en 1518.

VI

MATHIEU TILLETTE, vivait en 1518 et 1530, fut argentier de la ville en 1519 et le sixième échevin en

---

[1] Cet hôtel est resté dans la famille jusqu'en 1725 qu'il a été vendu par Jean-Baptiste Tillette, seigneur de Mautort.

1527, puis encore argentier la même année et la suivante, et vivait encore le 24 décembre 1551.

Entre autres immeubles qu'il possédait à Cambron, il y a acheté en 1513 le fief de Bulleux.

Marié :

A demoiselle Jeanne BALEN, de la famille des seigneurs du Titre et fille de Jean et de demoiselle Marie de Waurans ; elle mourut veuve avant le 18 mars 1558 et vivait encore le 16 janvier 1555.

Dont :

1° Antoine TILLETTE, qui suit.

2° Nicolas TILLETTE, mort sans alliance.

3° Jean TILLETTE, connu seulement par le legs que lui fait sa tante Jehanne en 1518.

4° Louis TILLETTE, auteur des branches et des seigneurs de Hesdimeux, Ruigny, Ionval, Buigny, Espagne, Camp du Bourg, Dubus, Woirel et Saint-Antoine, dont on trouvera l'histoire degré VII, page .

5° Marie TILLETTE vivait veuve en 1566 et le 22 octobre 1568 ; elle a testé le 21 janvier 1611 devant Mᶜ Josse Gallet, notaire à Abbeville.

Mariée à Jehan DE LA FOLIE ; il comparaît comme beau-frère au deuxième contrat de mariage de Louis Tillette en 1561.

6° Jehanne TILLETTE,

Mariée avant le 6 juillet 1554 :

A Jean DEPONT, fils, selon-Rousseville, de Laurent Depont, écuyer, sieur de Cantepie, et de demoiselle Antoinette de Queux.

7° Catherine TILLETTE, fit avec son mari une donation d'une maison sise à Abbeville à François de Calonne, son fils, par acte du 18 août 1587. Elle vivait veuve en 1607 et mourut à Abbeville le 31 mars 1609. Elle fut inhumée à Saint-Wulfran.

Mariée avant 1561 :

A Nicolas DE CALONNE, échevin en 1561, comme il résulte du deuxième contrat de mariage de Louis Tillette. Il était fils de Pierre de Calonne et cadet de la famille de Calonne d'Avesnes.

Leur testament est du 18 août 1587, devant Mᵉ Philibert Vautrique, notaire à Abbeville.

VII

ANTOINE TILLETTE, sieur du Mesnil, licentié ès-loix, avocat et conseiller au siège royal de la sénéchaussée de Ponthieu. Selon l'abbé Butteux, on le trouve souvent

avec la qualité de sage et d'honorable. Il fut le cinquième échevin en 1544 et devint après procurèur-du-
roi de l'hôtel-de-ville d'Abbeville. Il vivait dès 1518
que sa tante Jeanne Tillette lui avait fait un legs. Il
acquit les fiefs du Mesnil (à Franleu) et d'Achery, et
divers immeubles tant à Cambron qu'à Mautort. Il avait
testé avec sa femme en 1556, ainsi que son fils Pierre
Tillette le relate dans son testament. On assure qu'il
est mort en 1558. Il vivait le 13 septembre 1557 et il
était décédé avant le 14 février 1558. Il était procureur-
général de la ville le 24 août 1553.

Marié vers 1536 :

A demoiselle Catherine GALLESPOIX, dame d'Offinicourt, fille de Thibaut, échevin en 1524, et de
demoiselle Marguerite Lebon. Elle vivait le 2 mai 1551
et était morte avant le 18 juin 1561.

Dont :

1º Pierre TILLETTE, écuyer, seigneur de Mautort,
qui suit :

2º Jean TILLETTE, sieur d'Achery, Lanchères, Courcelles. Il releva l'office de bailli d'Abbeville qui avait
été supprimé en 1560 sur Nicole Adam, et l'exerça
en 1566 et depuis, jusqu'à ce qu'il fût remplacé dans
cet office par Hector Rumets, écuyer, sieur de Beau-

marest ; il l'était encore en 1574. Il devint ensuite procureur fiscal en l'hôtel-de-ville d'Abbeville ; il l'était en 1593, et étant malade, il en donna sa démission les 10 et 12 juin 1597. Il mourut sans enfants et fut inhumé le 26 août 1597.

Marié par contrat du 26 mars 1572 :

A demoiselle Catherine BAUDE, fille aînée, héritière de Jean et de demoiselle Perrine Lebrun. Elle se remaria à Hercule d'Alnassart, écuyer, sieur de Montégal.

3° Nicolas TILLETTE, sieur de Gridenneville et de Port, a formé la branche des seigneurs d'Offinicourt, Port et Gridenneville, dont on trouvera la suite degré VIII, page .

4° Eloi TILLETTE, seigneur de Brancourt, Achery, Courcelles, a formé la branche des seigneurs d'Achery, Acheux, Catigny, Courcelles, Brancourt, etc., dont on trouvera la suite degré VIII, page .

5° Marie TILLETTE, morte à marier avant le 17 novembre 1578.

6° Antoinette TILLETTE, née à Abbeville le 3 juillet 1552. On ne connaît d'elle que sa naissance.

VIII

TILLETTE DE MAUTORT porte d'azur au chevron d'or, au chef de même,
chargé d'un lion léopardé de sable.
Supports : deux lions. — Cimier : un lion naissant.

PIERRE TILLETTE, écuyer, seigneur de Mautort,
Offinicourt, du Mesnil-lès-Franleux, de Martainneville
en partie, conseiller du roi, lieutenant particulier au
présidial d'Abbeville, en devint président le 5 juin
1587 et en exerça la charge jusqu'à sa mort en 1596.

Il obtint des lettres de noblesse du roi Henri III,

tant en considération de services rendus à Sa Majesté en qualité de lieutenant particulier en la sénéchaussée de Ponthieu qu'en conséquence de l'édit du mois de juin 1576. Ces lettres, datées du mois de février 1577, ont été registrées en la Chambre des Comptes le 19 mars suivant, en la Cour des Aides le 27 du même mois, en la Sénéchaussée de Ponthieu le 16 septembre suivant, et en l'Élection du même lieu le 2 juin 1578. Il prenait déjà la qualité d'écuyer depuis plus de dix ans.

Il a été deux fois mayeur d'Abbeville en 1578 et 1596, charge à laquelle était annexée celle de gouverneur réunie à l'hôtel-de-ville.

Il tint les grands jours du comté d'Eu en 1578, et fut reçu dans son office de président au présidial d'Abbeville le 16 septembre 1587.

Zélé royaliste, il fut enfermé par les ligueurs sur les ordres d'un nommé Maupin, alors mayeur d'Abbeville. Ce fait eut lieu le 28 mai 1589, mais sa détention fut de courte durée, puisqu'elle avait cessé au mois de juillet suivant.

Il reçut le roi Henri IV à Abbeville en 1596, pendant qu'il était mayeur en charge.

Il a acquis successivement de Jacques Trudaine,

écuyer, sieur de Saint-Romain, la terre et seigneurie de Mautort, le fief de Guérard Marie, celui de Neuville et divers autres immeubles moins importants, tant à Cambron qu'à Mautort. En 1571, il avait acquis des frères Boujonnier une partie de ce qui a formé plus tard la maison seigneuriale de Cambron.

Il mourut à Abbeville le 8 août 1596, après avoir testé le 15 juillet précédent devant Mes Ézéchias Boujonnier et Robert Gaillard, notaires à Abbeville. Suivant l'usage pratiqué quand les mayeurs mouraient en place, la ville fit les frais de ses obsèques et lui fit rendre les honneurs funèbres accoutumés, ainsi qu'il est rapporté page 734 de l'*Histoire des Mayeurs d'Abbeville*. Son corps fut transporté en l'église paroissiale de Mautort où il avait élu sa sépulture.

Marié par contrat du 18 juin 1561, devant Mes Degouy et Briet, notaires à Abbeville :

A demoiselle GENEVIÈVE GAILLARD, dame des fiefs de Druetel à Drucat, d'Argencourt à Sailly-le-Sec, dame encore des Oteux, seigneurie située à Acheux en Vimeu, fille de Jehan Gaillard, sieur des Alleux, et de demoiselle Marguerite de Calonne, dame des Oteux. Elle a testé le 20 décembre 1599, devant Me Robert Gaillard, notaire à Abbeville, et a fait un codicile le

27 janvier 1601. Elle apporta, outre les fiefs et seigneurie cités plus haut, divers immeubles à Morival,
Abbeville et banlieue, Hocquincourt, et enfin trois fiefs
situés à Martainneville, dont un noble et deux restreints,
lesquels fiefs avaient pour chef-lieu la maison dite
Cense de Martainneville.

Elle a été inhumée à Mautort où elle avait élu sa
sépulture.

Dont:

1º Antoine TILLETTE, écuyer, sieur de Dructel, qui
suit.

2º Adrien TILLETTE, écuyer, seigneur d'Offinicourt
et de Gouchon à Millencourt, né à Abbeville le 18 mai
1570, fut licentié ès-loix, avocat au présidial, et vivait
en 1596 lors du testament de son père. Il n'existait
plus en 1599 lors du testament de sa mère.

3º Claude TILLETTE DE MAUTORT, né à Abbeville le
24 octobre 1572, fut enseigne au régiment de Navarre
et a été tué portant le drapeau sur la brèche au siège
de Calais en 1596. Son père fait mention de sa mort
dans son testament.

4º André TILLETTE, né à Abbeville le 15 janvier
1576, fut religieux bénédictin de l'abbaye de Corbie et
prieur de Saint-Pierre de Dourlens. Il mourut jeune

avant le 27 janvier 1601 et après le 20 décembre 1599, dates des testament et codicile de sa mère.

5° Demoiselle .... TILLETTE DE MAUTORT, née à Abbeville le 27 décembre 1563. Il est probable qu'elle a peu vécu.

6° Demoiselle Geneviève TILLETTE DE MAUTORT, dame du Val-Levret, née à Abbeville le 27 mai 1565.

Mariée avant 1584 :

A Jacques DE BELLEVAL, écuyer, sieur du Rouvroi, gentilhomme servant de Mgr le cardinal de Bourbon, fils de François, écuyer, sieur du Rouvroi, et de demoiselle Françoise d'Autrempuis.

Sa belle-mère le nomme son exécuteur testamentaire en 1599.

7° Demoiselle Anne TILLETTE DE MAUTORT, née à Abbeville le 19 août 1567.

Mariée par contrat du 14 juillet 1588, devant Mes Louis de Dourlens et Boujonnier, notaires à Abbeville :

A Gilles DE COPPEQUESNE, écuyer, sieur de Bézonville, fils de Jean, écuyer, sieur de Feuquières, et de demoiselle Claude de la Radde. Il fut encore seigneur de Fressenneville, Friville, et fit une donation à ses enfants puînés le 8 octobre 1615.

8° Demoiselle Marguerite TILLETTE DE MAUTORT, née à Abbeville le 23 février 1578. On la voit comparaître comme veuve le 19 août 1623, et elle mourut à Abbeville le 12 novembre 1626. Elle était dame du fief de Morival.

Mariée par contrat du 30 janvier 1595, devant Mᵉ François Retart, notaire à Abbeville :

A Jean CARPENTIN, écuyer, sieur de Cumont, Hanchies, Belloy-lès-Ailly, les Mesnages, Trenquies, Allenay, Elcourt, Lefestel, fils de noble homme Galois, écuyer, sieur de Cumont, et de demoiselle Jeanne Truffier d'Allenay. Il mourut le 12 janvier 1616. Il fut héritier de Charles de Carpentin, son frère, mort prisonnier de guerre à Boulogne.

IX

ANTOINE TILLETTE, écuyer, seigneur de Dructel, Mautort, Cambron, Neuville, Bulleux, Argencourt, Martainneville en partie, fut connu sous le nom de sieur de Dructel qu'il portait lors de son mariage en 1584. Il fut élevé page près de Mᵍʳ le comte de Soissons et était l'un de ses gentilshommes servants en 1584 à l'époque de son mariage. Étant sorti d'auprès Mᵍʳ le comte de Soissons, il commença à porter les armes au service du roi Henri III sous la cornette du seigneur de Bréaulté en 1587. Employé pendant la guerre contre l'Espagne sous les ordres de Mgr le comte de Saint-Paul, gouverneur et lieutenant-général en Picardie, il eut commission de ce prince de lever une compagnie de cent hommes de pied, avec laquelle il fut chargé de la défense de la rivière de Somme au gué de Blanquetaque, entre Abbeville et Saint-Valery. Il servit aussi aux guerres du Boulonnais sous les ordres du sieur de Rubempré, capitaine d'une compagnie d'ordonnance et gouverneur de Rue. Enfin, s'étant rendu au siège d'Amiens par le roi Henri IV en 1597, en qualité de volontaire sous la cornette blanche, les uns disent qu'il y fut tué d'une mousquetade, d'autres qu'étant tombé malade, il se fit reconduire à Abbeville où il expira vingt-quatre heures après son arrivée [1].

Il avait acquis, après son mariage, le fief de la Motte, situé à Cambron, et en 1590 la plus grande partie des enclos de la maison seigneuriale. On voit, par ce contrat, qu'il y demeurait à cette époque [2].

---

[1] Tiré des liasses 41 et 150 des papiers de famille.
[2] Liasse 27 des papiers de famille.

Il donna décret au testament de son père le 19 novembre 1596.

Il fut inhumé dans l'église de Mautort.

Marié par contrat du dernier août 1584, devant Me Claude Becquin, notaire à Abbeville :

A demoiselle HIPPOLYTE ROHAULT DE BRIMEU, dame des fiefs de Grandval et Belleville à Boëncourt, de Cambron, La Motte-Warlus, fille aînée de Claude Rohault, sieur d'Épagne, et de demoiselle Catherine Parmentier, dame de Belleville, sa première femme. Née à Abbeville le 17 mai 1570, elle a testé le 12 avril 1617, et mourut à Abbeville le 2 juin de la même année. Inhumée dans l'église Saint-Sylvain de Mautort où elle avait ordonné sa sépulture à côté de son mari.

Dont :

1º Pierre TILLETTE qui suit.

2º Antoine TILLETTE DE MAUTORT a formé la branche de Mesnil-Warlus qu'on trouvera à la suite, degré X, page

3º Demoiselle Marguerite TILLETTE vivait le 20 décembre 1599 lors du testament de son aïeule Geneviève Gaillard, mais était morte avant le codicile du 27 janvier 1601.

4º Demoiselle Françoise TILLETTE, dame des Oteux.

Mariée par contrat du 9 février 1610, devant Mᵉ Becquin, notaire à Abbeville :

A André LEROY, écuyer, sieur de Camelun, homme d'armes de la compagnie de Monseigneur le Dauphin, fils puîné de feu Nicolas, écuyer, sieur de Moyenneville, et de demoiselle Jeanne de Maillefeu, sa veuve et deuxième femme. Il a testé le 24 mars 1613.

X

PIERRE TILLETTE, écuyer, seigneur de Mautort, Dructel, Cambron, Argencourt, Fourcigny, Montorgueil, Martainneville en partie, vivait en 1590 que sa bisaïeule, Marguerite de Calonne, lui fait un legs. Il fut placé comme page auprès de Mᵍʳ le comte de Saint-Paul en 1604 pour s'instruire dans les exercices de la noblesse. Sorti de page en 1608, il fut mis en garnison à Calais sous la conduite du sieur de Vicq, gouverneur de la citadelle. Depuis, il passa dans la compagnie d'ordonnance du comte de Saint-Paul où il resta plusieurs années, après lesquelles il eut la charge de lieutenant du sieur de Fertin, premier capitaine de la compagnie des gens de pied au régiment du baron

Descry, et ensuite au régiment du sieur d'Hocquincourt, depuis grand-prévôt de France. Il s'est trouvé aux sièges de Rethel, Château-Portien, Soissons; en l'armée de Champagne pour empêcher l'entrée de Mansfeld dans le royaume, où il donna en toutes occasions de grandes preuves de courage pour le service de Sa Majesté. Il servit aussi en Languedoc et en Auvergne [1].

Il a fait un testament olographe le 28 avril 1657 et y ordonne sa sépulture dans la chapelle et cave qu'il a fait construire dans l'église de Mautort. Il est décédé le 15 avril 1660.

Marié: 1° par contrat du 5 août 1614, devant M° Becquin, notaire à Abbeville:

A demoiselle MARIE DE FERTIN, fille de Flour, écuyer, sieur de Véron, Avesnes, Hémancourt, et de demoiselle Françoise Le Prevost, dame de Pandé. Elle mourut à Abbeville le 21 février 1621 et fut inhumée non dans le caveau, mais dans l'église de Mautort où l'on voit encore sa pierre.

2° Par contrat du 16 avril 1625, devant M° Claude de Hodencq, notaire à Paris:

A demoiselle CHARLOTTE DE VILLERS, deuxième

---

[1] Liasse 41 des papiers de famille.

fille de Adrien, chevalier, seigneur de Liercourt et de Saint-Germain-sur-Bresle, et de dame Renée de la Grandille. Elle apporta dans la famille le fief de Fourcigny, situé sur la Bresle.

Dont du premier lit :

1° Flour TILLETTE, écuyer, sieur de La Motte et de Mautort, était en 1640 capitaine en charge de la compagnie de la Mestre de Camp de M. le Vidame d'Amiens. Il transigea avec ses frères et sœurs du deuxième lit le 3 mars 1661, et mourut à Abbeville le 28 juin 1662 sur les huit heures du matin, tué en duel.

Et du deuxième lit :

2° François TILLETTE, sieur de Dructel, né à Abbeville le 26 février 1626, capitaine au régiment de Champagne, vivait le 24 août 1647 et le 26 juillet 1651. Il fut tué au siége de Puycerda, en Catalogne, le 15 octobre 1654.

3° Nicolas TILLETTE DE MAUTORT, prêtre, mourut à Abbeville le 2 mai 1662 et fut inhumé à Mautort.

4° Jean TILLETTE, qui suit :

5° Jacques TILLETTE DE MAUTORT, sieur de Belleville, a formé un rameau qu'on trouvera à la suite, degré XI, page

6° Madeleine TILLETTE, née à Abbeville le 11 août 1627, religieuse dominicaine à Abbeville, procureuse de cette maison en 1677, en devint prieure en 1685.

7° Françoise TILLETTE, née à Abbeville le 22 mars 1629 ; elle fut religieuse avant 1657.

8° Marie TILLETTE, demoiselle de Mautort, née à Cambron le 6 février 1646, vivait en 1657 et 1667 ; elle était religieuse en 1669.

9° Charlotte TILLETTE, née à Cambron le 15 février 1648 ; elle fut religieuse.

XI

JEAN TILLETTE, écuyer, seigneur de Mautort, Cambron, La Motte, Martainneville en partie, né en 1639, a testé le 26 novembre 1690 devant Mᵉ Pierre Piérard, prêtre, curé de la paroisse de Cambron. Il est décédé le même jour en sa maison seigneuriale dudit Cambron, et a été inhumé le 28 desdits mois et an dans l'église de Mautort.

Marié par contrat du 4 avril 1663, devant Mᵉ Antoine Lefevre, notaire à Abbeville :

A demoiselle MADELEINE LEVASSEUR, dame de

Mayoc près le Crotoy, fille de feu François Levasseur, conseiller du roi, élu en l'élection de Ponthieu, et de demoiselle Marguerite de La Garde. Elle est morte le 12 juin 1697, et a été inhumée le lendemain dans l'église de Mautort.

Dont :

1º Jacques-Jean TILLETTE, né à Cambron le 14 juillet 1666, lieutenant au régiment de Vermandois, tué à la bataille de Fleurus le 1er juillet 1690.

2º N.... TILLETTE, né à Cambron et baptisé dans la maison le 1er mars 1676.

3º Jean-Baptiste TILLETTE, seigneur de Mautort, qui suit :

4º N.... TILLETTE, mort en naissant en 1681.

5º Demoiselle Marguerite-Thérèse TILLETTE DE MAUTORT, demoiselle de La Motte, née à Cambron le 1er mars 1664.

Mariée par contrat du 12 avril 1698, devant Mᵉ Philippe Lefevre, notaire à Abbeville :

A Nicolas LEROY, écuyer, sieur de Bardes, chevau-léger de la garde du roi, né à Cayeux le 8 janvier 1675, fils de Nicolas, écuyer, sieur de Bardes et de Hurt, et de demoiselle Antoinette de Cacheleu de Bouillancourt.

6º Demoiselle Marie-Madeleine TILLETTE DE MAUTORT,

née à Cambron le 18 juin 1665, religieuse dominicaine à Abbeville.

7° Isabelle TILLETTE, demoiselle de Grandval, née à Abbeville le 24 juin 1667, a fait avec son mari un testament mutuel le 28 janvier 1717.

Mariée par contrat du 21 février 1699, devant M° Philippe Lefevre, notaire à Abbeville :

A Antoine-François DE BELLOY, chevalier, seigneur de Rogehan et de Dreuil, fils de Jean et de demoiselle Françoise-Henriette Leclercq de Corbeilly. Il était né à Paris le 7 janvier 1658, et avait été cornette dans le régiment de Mestre de Camp, cavalerie.

8° Demoiselle Antoinette-Madeleine-Augustine TIL-LETTE, née à Cambron le 28 juillet 1668, fut religieuse.

9° Demoiselle Marie TILLETTE, sans alliance.

10° Demoiselle Charlotte-Angélique TILLETTE DE MAUTORT, née à Cambron le 17 janvier 1674, fut religieuse.

XII

JEAN-BAPTISTE TILLETTE, écuyer, seigneur de Mautort, Belleville, Argencourt, Dructel, Cambron,

La Motte, Martainneville, Fourcigny, né à Cambron le
21 juin 1679, fut émancipé par avis de parents du 9
juillet 1697, précédé de lettres du 22 juin précédent.
Il fut maintenu dans sa noblesse par arrêt du 1er
septembre 1703, fit un testament le 6 octobre 1730
devant Me Pierre-Joseph Lefebvre, curé de Cambron,
et mourut le 24 octobre suivant dans sa maison
seigneuriale de Cambron. Il fut inhumé à Mautort.

Marié par contrat du 1er février 1714, devant
Me François de Hangest, notaire à Amiens:

A demoiselle MARIE - MADELEINE LE MOICTIER,
dame de Bichecourt, Hangest - sur - Somme, Soues,
fille de Jean-Baptiste-Olivier, écuyer, seigneur desdits
lieux, et de demoiselle Agnès Pingré. Elle devint, par
la mort de ses frères sans enfants, héritière de sa
maison, et mourut à Bichecourt le 16 février 1763.

Dont:

1° N.... TILLETTE, né à Cambron le 16 mars 1715,
mort un moment après sa naissance. Inhumé à Cambron.

2° Jean-Baptiste-Antoine-Dominique TILLETTE, né à
Cambron le 27 décembre 1717, mort dix-huit jours
après sa naissance. Inhumé à Cambron.

3° Pierre-Jacques-Philippe TILLETTE, qui suit.

4° François - Nicolas TILLETTE, chevalier, d'abord

connu sous le nom de Belleville jusqu'à la mort de sa
mère, devint à cette époque seigneur de Bichecourt,
châtelain d'Hangest-sur-Somme, vicomte de Soues.
Né à Cambron le 12 octobre 1721, il fit ses études avec
distinction chez les jésuites au collège de Louis-le-
Grand qu'il quitta en 1736. Il entra comme enseigne au
régiment de la Reine, infanterie, où il devint capitaine [1] et donna sa démission en 1756, après vingt ans
de service presque toujours passés en guerre. Il avait
été nommé chevalier de l'ordre royal et militaire de
Saint-Louis le 2 juin 1754. Il fit les guerres de Bohême,
était à la prise de Prague au mois de novembre 1741
et à la fameuse retraite du mois de décembre 1742 sous
le maréchal de Belle-Isle après la belle défense de
Chevert. Son régiment fut ensuite envoyé en Italie où
M. de Belleville assista à plusieurs sièges et à plusieurs
batailles, notamment à celle de Plaisance le 16 juin
1746 où, pendant qu'il ralliait des fuyards, des houzards
ennemis l'attaquèrent. Il reçut plusieurs coups de sabre
sur la tête, un sur la main, un dans la hanche, et fut
laissé pour mort sur le champ de bataille. Fait prisonnier et conduit à Plaisance, il était tellement couvert

[1] Il l'était en 1745 (liasse 86).

de sang que son habit fut pris pour l'uniforme rouge des dragons.

Retiré d'abord à Cambron, puis à Bichecourt, il mourut à Abbeville le 29 juin 1793, instituant, par son testament olographe du 27 décembre 1782, Jean-Baptiste-Adrien Tillette, seigneur de Mautort, son neveu, légataire universel de tous ses biens fonds. Il fut inhumé à Hangest-sur-Somme.

Marié par contrat du 30 mars 1767, devant Me Josse Lefebvre, notaire à Abbeville :

A demoiselle Marguerite-Charlotte-Hélène DE MAY, dame de Vieulaine, Bonnel, Beauvoir-lès-Hocquincourt, le Titre, fille de Georges-François et de demoiselle Charlotte-Françoise de Belloy-Beauvoir. Elle est morte sans enfants, à Vieulaine, le 6 février 1795.

5° Marie-Madeleine-Josèphe TILLETTE, née à Cambron le 6 juillet 1716, morte le 20 août 1720, inhumée à Cambron.

6° Marie-Madeleine-Jeanne TILLETTE, née à Cambron le 20 février 1717, morte jeune, inhumée à Cambron.

7° Demoiselle Marie-Madeleine TILLETTE, demoiselle de Mautort, née à Cambron le 7 décembre 1722, morte à Abbeville le 4 mars 1785, inhumée à Mautort. Par son testament en date du 28 mars 1781, elle institue

Louis-François-de-Paule Tillette, son neveu, son légataire universel.

8° Demoiselle Thérèse TILLETTE, demoiselle de
Druckel, née à Cambron le 7 octobre 1724, morte à
Abbeville le 22 octobre 1777.

9° Demoiselle Jeanne-Baptiste-Agnès TILLETTE, demoiselle de Cambron, née à Cambron le 29 novembre
1725, morte le 20 janvier 1747.

10° N.... TILLETTE, née et morte à Cambron le 12
avril 1727.

XIII

PIERRE - JACQUES - PHILIPPE TILLETTE, chevalier,
seigneur de Mautort, Cambron en partie, La Motte-lès-
Cambron, Druckel, Grandval, Belleville, Neuville,
Paradis, Bulleux, Argencourt, et du grand fief de
Martainneville, né à Cambron le 5 juin 1720, obtint
des lettres d'émancipation le 20 août 1735. Il fit ses
études au collège de Louis-le-Grand et servit quelque
temps au régiment du Roi, infanterie, en qualité de lieutenant. Il y était les 29 mars 1737 et 27 juillet 1738 [1].

---

[1] Liasses 63 et 89.

et l'avait quitté en 1740. Il est mort en sa maison seigneuriale de Cambron le 15 octobre 1753 et a été inhumé dans le caveau de l'église de Mautort. Son testament olographe est du 15 avril 1747.

Marié par contrat du 7 décembre 1745, devant M⁰ Jean Hecquet, notaire à Abbeville :

A demoiselle MARIE-THÉRÈSE GAILLARD DE BOEN-COURT, née à Abbeville le 10 février 1720, fille de Mʳᵉ André-Joseph, écuyer, seigneur de Bœncourt, Morival, premier président au présidial d'Abbeville, et de demoiselle Marie-Élisabeth Creton de Willameville. Elle a acheté en 1777 la terre et seigneurie d'Eaucourt-sur-Somme, et est morte à Abbeville, dans son hôtel de la rue Notre-Dame-du-Châtel, le 29 septembre 1786. Inhumée dans le caveau de l'église de Mautort. Par son testament olographe du 15 mars 1786, elle institue son fils Louis-François-de-Paule Tillette, chevalier de Mautort, son légataire universel.

Dont :

1° Pierre-Marie TILLETTE DE MAUTORT, né à Abbeville le 7 janvier 1747, mort à Cambron le 13 décembre 1753, inhumé à Mautort.

2° Jean-Baptiste-Adrien TILLETTE, qui suit.

3° Louis-François-de-Paule TILLETTE, chevalier de

Mautort, d'abord de Martainneville, puis chevalier de
Mautort et enfin d'Eaucourt, né à Abbeville le 3 avril
1752. Après avoir fait de bonnes études au collège de
Juilly, il est entré comme volontaire au régiment de
Champagne le 15 octobre 1768, et a fait en cette
qualité la campagne de Corse en 1769. A été nommé
sous-lieutenant le 21 mai 1771, lieutenant le 13 juin
1776 au régiment d'Austrasie, dédoublement de celui
de Champagne, et s'est embarqué avec son régiment le
12 février 1780 pour l'Ile-de-France et l'Inde où il est
resté jusqu'en 1785. Il avait été nommé capitaine le 18
novembre 1780. Il a assisté au combat naval de Madras
le 17 février 1782, sous M. le bailli de Suffren ; à la
bataille de Goudelour le 13 juin 1783, où il a reçu à la
jambe deux graves blessures, et a été nommé chevalier
de l'ordre royal et militaire de Saint-Louis le 27 juillet
1790. Il a donné sa démission le 15 novembre 1791,
a émigré au mois de juillet 1792 en Belgique, et a
séjourné successivement à Clèves, à Wesel, à Amster-
dam, et n'est rentré en France que le 26 juin 1800
pour demander sa radiation de la liste des émigrés
qu'il ne put obtenir qu'après l'amnistie générale le 2
juin 1802. Il mourut à Abbeville, dans son hôtel de la
rue Saint-Gilles, le 4 juin 1812. Par son testament

olographe du 14 février 1809, il laisse la plus grande partie de ses biens fonds, entre autres la terre d'Eau- court et le bien de Martainneville, à son neveu Prosper- Abbeville Tillette de Mautort, plus tard de Clermont- Tonnerre. Il ordonne sa sépulture dans le cimetière d'Eaucourt où il a été inhumé.

Marié par contrat du 20 janvier 1788, devant M° Morel, notaire à Frévent en Artois :

A demoiselle Isabelle - Charlotte - Honorée - Justine DE BEAULAINCOURT, née le 29 mars 1764, fille de Philippe - Alexandre - Ange de Beaulaincourt, seigneur de Bettonville, et de demoiselle Marie-Charlotte Pappin de Caumaisnil.

Il naquit de ce mariage, à Abbeville, le 3 août 1789, une fille morte quelques jours après.

4° Demoiselle Madeleine-Adrienne-Thérèse TILLETTE, demoiselle de Cambron, née à Abbeville le 31 décembre 1750, morte dans la même ville le 26 novembre 1812.

Mariée par contrat du 23 février 1778, devant M° Watel, notaire à Abbeville :

A Jean - Roger - Alexandre, comte DE RIENCOURT, chevalier, seigneur du Quesnoy-lès-Vauchelles, lieu- tenant au régiment d'infanterie de la Reine, né le 2 février 1748, fils unique de feu M° Léonore-Alexandre-

René de Riencourt-Tilloloy et de Marie-Françoise-
Antoinette de Rai du Tilleul. Il est mort à Abbeville
le 29 juin 1827.

XIV

JEAN-BAPTISTE-ADRIEN TILLETTE, chevalier, seigneur de Mautort, Cambron, La Motte-lès-Cambron,
Vaux-lès-Abbeville, Grandval, Belleville, Dructel,
connu depuis son mariage sous le nom de comte de
Mautort, né à Abbeville le 5 juillet 1749. Après avoir
fait d'excellentes études chez les oratoriens au collège
de Juilly, il est entré au mois de juillet 1768 au corps
royal de l'artillerie où il a été nommé lieutenant le 24
novembre 1768. Il est passé aussitôt dans l'île de Corse
pour y assister à la fin de la première campagne sous
les ordres du marquis de Chauvelin et y continuer la
deuxième sous M. le comte de Vaux. Devenu capitaine
le 5 avril 1780, il a été fait chevalier de l'ordre royal
et militaire de Saint-Louis le 27 février 1791, et a été
mis à la retraite le 1er juin de la même année.

Il avait obtenu des lettres d'émancipation le 30 juillet
1763, et a acquis du comte de Rouault la seigneurie

principale de Cambron en 1770. Il a bâti en 1784 son château de Cambron. A été en 1787 l'un des membres de la noblesse à l'assemblée du département d'Abbeville et l'un des commissaires pour la rédaction des cahiers. A été élu mayeur commandant pour le roi par la commune d'Abbeville le 13 octobre 1789, et élu maire le 22 janvier 1790. A été nommé président du district d'Abbeville en juillet de la même année, et a donné sa démission le 13 décembre 1791. A été enfermé comme noble pendant tout le temps de la Terreur, dans diverses prisons, tant à Abbeville qu'à Amiens.

Membre du Conseil Général du département de la Somme du 24 mai 1800 jusqu'à la révolution de juillet 1830. Maire de Cambron de février 1802 au 27 février 1826. Membre de l'Académie du département de la Somme le 4 juillet 1803. Président de l'assemblée du canton sud d'Abbeville du 17 juillet 1808 jusqu'à la fin de l'Empire.

Président du collège électoral de l'arrondissement le 1er janvier 1811. Colonel chef de la deuxième légion de garde nationale en activité du département de la Somme de 1806 à la fin de l'Empire. L'un des fondateurs de la Société d'Émulation d'Abbeville dont il a été plusieurs fois président.

A été fait baron par décret impérial du 2 janvier 1814, avec autorisation de fonder un majorat, dont les lettres patentes ont été signées le 10 janvier 1821 et extrait inséré au *Bulletin des lois*, 7ᵐᵉ série, tome 12, bulletin 429, numéro 10049.

Il est mort dans son château de Cambron le 9 janvier 1835, et a été inhumé dans la chapelle de l'église de Mautort, dans le caveau de ses ancêtres. A l'époque de la révolution, il avait fait l'acquisition de l'église et du presbytère de Mautort.

Marié par contrat du 15 novembre 1784, devant Mᵉ Petit, notaire à Montdidier :

A demoiselle LOUISE-ELISABETH-ADÉLAÏDE DE CLER-MONT-TONNERRE, née au château d'Himmeville (près de Quesnoy-Montant) le 30 mai 1764, fille de Mʳᵉ Louis-François-Gabriel, comte de Clermont-Tonnerre, seigneur de Fignières, Boussicourt, baron de Pierrepont, chevalier de l'ordre royal et militaire de Saint-Louis, et de dame Marie-Elisabeth Lefebvre de Milly. Elle est morte au château de Cambron le 24 mai 1820 et a été inhumée dans le caveau de l'église de Mautort.

Dont.

1° N.... TILLETTE, mort à Fignières le .... juin 1785, six heures après sa naissance.

3

2° Amédée TILLETTE DE MAUTORT, né au château de Cambron le 15 octobre 1787, mort à Abbeville le 11 septembre 1788.

3° Amédée TILLETTE DE MAUTORT, né jumeau d'un autre garçon venu mort au monde le 13 décembre 1788, mort à Abbeville le 2 janvier 1789.

4° Prosper-Abbeville TILLETTE DE MAUTORT, qui suit.

5° Alfred-Louis TILLETTE DE MAUTORT, qui suivra degré XV, page 49.

6° Eugène TILLETTE DE MAUTORT, qui suivra degré XV, page 45.

7° Paul TILLETTE DE MAUTORT, qui suivra degré XV, page 43.

8° Adèle TILLETTE, née à Abbeville le 23 février 1791, morte au même lieu le 7 janvier 1794.

9° Demoiselle Louise-Claire TILLETTE DE MAUTORT, née à Abbeville le 13 octobre 1795, morte à Poligny en Franche-Comté le 8 janvier 1815.

Mariée à Cambron le 20 décembre 1813 :

A M. Antoine-Joseph DE VAULDRY, chevalier, seigneur de Sainte-Agnès, né à Poligny le 22 août 1777, de Jean-Pierre de Vauldry, écuyer, seigneur de Poupet et de Saizenay, ancien capitaine de cavalerie, chevalier de l'ordre royal et militaire de Saint-Louis, et de dame

Marie - Françoise - Joséphine - Ursule de Bocquet de Courbouzon. Il était veuf de demoiselle Antoinette Jacquemet de Pymont. Il devint chevalier de l'ordre royal de Saint-Maurice et de Saint-Lazare de Sardaigne, et mourut à Besançon le 30 décembre 1852.

10° Demoiselle Louise-Elisabeth TILLETTE DE MAUTORT, née à Cambron le 16 août 1799, est morte au château du Blosset, près de Vierzon (Cher), le 18 avril 1862 ; inhumée au même lieu le 23.

Mariée : 1° le 15 février 1816, à Cambron :

A M. Jacques - Gabriel LECOIGNEUX, marquis DE BÉLABRE (en Berry), chevalier de l'ordre de Saint-Jean-de-Jérusalem (ou de Malte), né le 14 octobre 1792, de Mre Jacques-Louis Lecoigneux, marquis de Bélabre, colonel de cavalerie, chevalier de l'ordre royal et militaire de Saint-Louis, et de dame Bartholomée-Charlotte-Henriette de Nispen, née baronne de Nispen.

M. de Bélabre, élevé en Russie pendant l'émigration, y devint enseigne de vaisseau dans la marine impériale. Rentré en France sous l'Empire, il fit la campagne de Russie en qualité d'interprète attaché au cabinet de l'Empereur. Il devint plus tard gentilhomme de la chambre du roi Charles X et membre du Conseil Général du département de l'Indre. Il est mort à Paris le 19 mars 1840 et a été inhumé dans le caveau de Bélabre.

2° Le 4 mai 1841 :

A Louis-Raoul GRIMOULT DE VILLEMOTTE, comte de Villemotte, né le 17 décembre 1799, ancien lieutenant au 6ᵐᵉ régiment de dragons, fils de Louis-Philippe-Joseph Grimoult, comte de Villemotte, et de dame Louise-Caroline de Paris.

XV

CLERMONT-TONNERRE   TILLETTE DE CLERMONT-TONNERRE
porte de gueules à deux clefs d'argent   porte écartelé aux 1 et 4 Tillette,
posées en sautoir.   aux 2 et 3 Clermont-Tonnerre.

PROSPER - ABBEVILLE TILLETTE DE CLERMONT-
TONNERRE, comte Tillette de Clermont - Tonnerre, baron par le majorat institué par son père, d'abord connu sous le nom de Mautort, puis indifféremment sous celui de comte ou baron Tillette de Clermont-Tonnerre, est né à Abbeville le 4 décembre 1789. Son père étant alors mayeur en charge, il fut tenu, selon

l'usage, sur les fonts baptismaux au nom de la ville dont il prit le nom. Adopté suivant arrêt de la Cour royale de Paris en date du 16 août 1816, par Louis-François-Marie, comte de Clermont-Tonnerre, son oncle maternel, lieutenant-général, grand-croix de l'ordre royal et militaire de Saint-Louis. Par cette adoption, il avait droit, suivant l'article 347 du Code civil, d'ajouter à son nom patrimonial de Tillette celui de son père adoptif.

Attaché à l'état-major général de la Garde impériale, il a fait la campagne de 1809 à la Grande-Armée et s'est trouvé aux batailles d'Essling et de Wagram.

Capitaine au 2me régiment maritime de Cherbourg le 24 juin 1813, il a fait, en cette qualité, la campagne de 1814 où son corps formait l'extrême droite de la Grande-Armée. Il s'est trouvé à la belle défense de Sens sous le général Allix et à la bataille de Montereau. Mousquetaire de la première compagnie le 28 novembre 1814, il a été nommé chevalier de la Légion d'honneur le 19 mars 1815, puis capitaine à la légion départe-mentale de la Somme le 21 mai 1817. Il a donné sa démission le 11 mars 1818.

Il a été promu chevalier de Saint-Jean-de-Jérusalem

le 24 novembre 1818, avec autorisation par le roi de porter cette décoration.

Botaniste distingué dès sa jeunesse, il a été nommé successivement : correspondant de la Société Linnéenne de Paris le 4 avril 1822, membre de la Société d'Emulation d'Abbeville les 5 décembre 1828 et 22 octobre 1831.

Membre fondateur de la Société Linnéenne du nord de la France le 31 janvier 1838, il en a été élu président le 10 juin de la même année.

Membre correspondant de plusieurs sociétés savantes.

A été nommé en janvier 1836 président du Comice agricole de l'arrondissement d'Abbeville, et a donné sa démission le 3 septembre 1846.

Maire de Cambron du 27 février 1826 au 27 août 1848. A été maire de la ville d'Abbeville le 9 février 1852, député d'Abbeville du 10 juillet 1842 au 6 juillet 1846, membre de l'Assemblée constituante pendant toute la législature de 1848 à 1849, puis député au Corps législatif, pour l'arrondissement, de 1852 à l'époque de sa mort arrivée à Abbeville le 7 décembre 1859. Il a été inhumé le 9 dans le caveau de ses ancêtres à Mautort. Par son testament, il laisse à sa ville natale sa bibliothèque scientifique et ses collections de botanique.

Marié :

A demoiselle JEANNE-JULIENNE ROUAULT, née le 14 septembre 1800, de François Rouault et de demoiselle Françoise Rouault.

Dont :

1° Louis TILLETTE DE CLERMONT-TONNERRE, qui suit.

2° Adrien TILLETTE DE CLERMONT-TONNERRE, né à Cambron le 30 juin 1827, y est mort le 20 mars 1847 ; inhumé à Mautort.

3° Demoiselle Eugénie TILLETTE DE CLERMONT-TONNERRE, née à Abbeville le 11 janvier 1825, morte à Neuilly-sur-Seine, près Paris, le 21 juillet 1858, a été inhumée le 24 dans le caveau de l'église de Mautort.

Mariée à Cambron le 22 octobre 1845 :

A Louis-Edouard D'AULT DU MESNIL, né au Busmenard, commune de Translay, le 31 janvier 1820, de feu Joseph-Isidore d'Ault du Mesnil, ancien garde du corps du roi, et de demoiselle Françoise-Charlotte de Juliac-Démanelle.

4° Demoiselle Pauline-Elisabeth TILLETTE DE CLERMONT-TONNERRE, née à Cambron le 25 janvier 1831, morte à Abbeville le 6 juillet 1851, inhumée le 8 dans le caveau de Mautort.

XVI

Louis TILLETTE DE CLERMONT - TONNERRE, comte Tillette de Clermont-Tonnerre, baron par le majorat institué par son aïeul, né à Abbeville le 16 mars 1822. A été nommé élève de l'école spéciale militaire de Saint-Cyr le 14 novembre 1840, sous-lieutenant au 42me régiment d'infanterie de ligne le 1er octobre 1842, lieutenant au 4me régiment de même arme le 15 mai 1848, a donné sa démission peu après, et a été élu maire de Cambron le 27 août de la même année.

Il a été investi le 22 mai 1860 du majorat au titre de baron fondé par son aïeul avec le droit d'en disposer, le principe des majorats ayant été aboli par la loi du 12 mai 1835.

Marié à Cambron le 21 février 1850 :

A demoiselle Noëmi BOUCHER DE CRÈVECOEUR, née le 6 décembre 1830 à Boulogne-sur-Mer, de Armand Boucher de Crèvecœur et de Jeanne-Victoire Isnardy.

Dont :

1º Réné TILLETTE DE CLERMONT-TONNERRE, né au

château de Cambron le 11 décembre 1851. Elève de l'école impériale spéciale militaire de Saint-Cyr le 20 octobre 1869.

2º Adrien TILLETTE DE CLERMONT-TONNERRE, né au château de Cambron le 10 mai 1856.

3º Louise TILLETTE DE CLERMONT-TONNERRE, née au château de Cambron le 7 juillet 1853.

(Voir degré XIV, page 34, n° 7).

X V

PAUL TILLETTE DE MAUTORT, né à Cambron le 24 mai 1798, est entré dans la marine en 1812 comme élève à l'école navale de Toulon, a été nommé élève de deuxième classe en 1814 et de première classe le 1ᵉʳ mai 1816, enseigne de vaisseau en 1820, lieutenant de vaisseau le 29 octobre 1826, chevalier de l'ordre royal de la Légion d'honneur le 26 avril 1831, a donné sa démission en 1832. Retiré à Abbeville, il y est mort le 24 février 1855.

Marié à Abbeville le 8 mai 1837 :

A demoiselle MARIE-JOSÉPHINE-STÉPHANIE JOURDAIN DE PROUVILLE, née le 1ᵉʳ mai 1810, de Robert-Maximilien-Ambroise et de demoiselle Marie-Chantanne Nau.

Dont :

1° Paul-Louis-Marie-Robert TILLETTE DE MAUTORT, né à Abbeville le 21 octobre 1842, qui suit.

2° Demoiselle Hélène-Marie-Elisabeth TILLETTE DE MAUTORT, née à Abbeville le 22 février 1838, morte au même lieu le 1ᵉʳ septembre 1851.

XVI

PAUL-LOUIS-MARIE-ROBERT TILLETTE DE MAUTORT, né à Abbeville le 21 octobre 1842.

Marié à Abbeville le 29 janvier 1867 :

A demoiselle MARIE-FRANÇOISE-ELISABETH LEFEBVRE DU GROSRIEZ, née à Abbeville le 4 octobre 1844, de Claude-Maurice-Ferdinand Lefebvre du Grosriez et de demoiselle Félicie-Olympe de Hémant.

Dont :

1° Marie-Paul TILLETTE DE MAUTORT, né à Abbeville le 22 juillet 1868.

(Voir degré XIV, page 34, n° 6).

X V

EUGÈNE TILLETTE DE MAUTORT, puis de Clermont-Tonnerre après son adoption, connu sous le nom de comte de Clermont-Tonnerre, est né à Abbeville le 3 novembre 1796. Il a été adopté par M. Louis-François-Marie, comte de Clermont-Tonnerre, lieutenant-général des armées du roi, grand-croix de l'ordre royal et militaire de Saint-Louis, et dame Marie-Françoise de Froger, son épouse, ses oncle et tante maternels, par arrêt de la Cour royale de Paris du 21 février 1818.

Elève de l'école impériale militaire de Saint-Cyr en 1812; garde du corps du roi, compagnie écossaise, avec le titre de surnuméraire des douze, en 1814; lieutenant au 19me régiment de chasseurs à cheval le 29 novembre 1815 ; lieutenant au régiment de chasseurs de la garde royale le 22 février 1821 ; capitaine au 1er régiment de chasseurs à cheval en 1824 (rang du 22 février 1821); capitaine au 1er régiment de grenadiers à cheval de la garde royale le 2 juin 1827; a donné sa démission après la révolution de juillet 1830. Chevalier de l'ordre de Saint-Jean-de-Jérusalem (ou de Malte) et de l'ordre royal de la Légion d'honneur. Maire de Chanday (Orne). Il est mort à Paris le 7 février 1869 ; inhumé à Chanday.

Marié à Paris le 17 avril 1827 :

A demoiselle ANTOINETTE-MARIE-CLAIRE BOUCHER DE MONTUEL, née le 17 avril 1809, de Louis-Claude Boucher de Montuel, membre de la Chambre des députés, chevalier des ordres royaux de Saint-Michel et de la Légion d'honneur, et de demoiselle Marie Dupré. Morte à Billancourt, près Paris, le 3 juin 1865 ; inhumée à Chanday.

Dont :

1° Adrien-Eugène TILLETTE DE CLERMONT-TONNERRE, né à Chanday (Orne) le 7 juin 1828. Elève de l'école spéciale militaire de Saint-Cyr en novembre 1846 ; sous-lieutenant au 12ᵉ régiment d'infanterie de ligne le 28 mai 1848 ; a fait avec ce corps les campagnes d'Afrique de 1848 à 1851. Lieutenant au même régiment le 30 décembre 1852, il est passé capitaine au 10ᵐᵉ régiment d'infanterie de ligne le 24 mai 1859, et a été nommé chevalier de l'ordre impérial de la Légion d'honneur le 29 décembre 1865.

2° Louis-Aynard TILLETTE DE CLERMONT-TONNERRE, né à Chanday (Orne) le 21 octobre 1829.

Marié le 15 mai 1861 :

A demoiselle Gabrielle GOURDON DE LORMONT, née le 15 mai 1836 à Bordeaux (Gironde), de Hippolyte Gourdon de Lormont, chevalier de la Légion d'honneur, et de demoiselle Laurentie Pommès.

3° Paul-Camille TILLETTE DE CLERMONT-TONNERRE, né à Savigné-l'Evesque (Sarthe) le 7 janvier 1837. Elève de l'école impériale spéciale militaire de Saint-Cyr en novembre 1856 ; sous-lieutenant au 4me régiment de lanciers le 1er octobre 1858. A fait la campagne d'Italie en 1859, et est mort au retour de cette campagne à Serres (Hautes-Alpes) le 24 septembre 1859.

4° Demoiselle Elisabeth-Alix TILLETTE DE CLERMONT-TONNERRE, née à Saint-Pierre-de-Sommière (Orne) le 7 août 1832.

Mariée en 1852 :

A Charles CAILLOT DE MONTUREUX, mort à Château-briant (Seine-Inférieure) le 28 décembre 1852.

5° Demoiselle Marie–Marthe–Eliane TILLETTE DE CLERMONT-TONNERRE, née à Savigné-l'Evesque (Sarthe) le 25 août 1846.

Mariée le 7 février 1865 :

A Henri-Joseph-Marie DE MAUDUIT, lieutenant aux zouaves pontificaux, né le 21 octobre 1837 à Quimperlé (Finistère), de Joseph-Gabriel de Mauduit et de demoiselle Virginie-Marié Cabon de Kéraudron.

6° Demoiselle Marie-Juliette TILLETTE DE CLERMONT-TONNERRE, née à Savigné-l'Evesque le 14 mars 1850.

(Voir degré XIV, page 34, n° 5).

XV

ALFRED - LOUIS TILLETTE DE MAUTORT, né à Abbeville le 15 novembre 1792, est allé en Russie en avril 1803 avec son oncle le comte Louis de Clermont-Tonnerre, y a été élève de l'école des cadets, puis officier dans la marine impériale. Revenu en France, il a fait les campagnes de 1812 et de 1813 à la Grande-Armée en Pologne, en Russie et en Allemagne, en qualité d'officier interprète pour la langue russe attaché au cabinet de l'Empereur. Retiré ensuite à Abbeville et à Bichecourt, il devint maire d'Hangest-sur-Somme, membre du Conseil Général du département et chevalier de l'ordre impérial de la Légion d'honneur. Il est mort à Abbeville le 24 juillet 1857.

Marié à Cambron le 25 mars 1814 :

A demoiselle HENRIETTE DE CAILLY, née à Abbeville le 9 février 1798, de Charles-Antoine de Cailly et de dame Geneviève-Henriette-Ursule Dargnies de Fresne. Morte à Abbeville le 14 août 1857.

Dont :

1° Julien-Roch-Raphaël TILLETTE DE MAUTORT, qui suit.

2° Alfredine-Henriette TILLETTE DE MAUTORT, née à Abbeville le 27 décembre 1814, morte à Fribourg en Suisse le 4 mars 1841.

3° Louise-Marie-Charlotte TILLETTE DE MAUTORT, née à Abbeville le 13 avril 1820.

Mariée à Abbeville le 10 avril 1839 :

A Ludovic-Armand-Eugène BÉTOLAUD DE LA DRABLE, né à Saint-Benoît-du-Sault (Indre) le 5 juillet 1808, de M. Bétolaud de La Drable et de dame Marie-Adélaïde Bernud de La Chaume. Procureur-du-roi à Château-Thierry en 1845, il a donné sa démission en 1850.

XVI

JULIEN-ROCH-RAPHAËL TILLETTE DE MAUTORT, né à Bichecourt, commune d'Hangest-sur-Somme, le 9 octobre 1832.

Marié le 20 juin 1858, à Bézu-la-Forêt (Eure) :

A demoiselle PAULINE-LÉONIE-ALPHONSINE D'HAU-COURT, née à Bézu-la-Forêt en avril 1834, de

Félix, comte d'Haucourt, ancien capitaine de dragons, chevalier de la Légion d'honneur, et de demoiselle Louise-Virginie de Ramfreville.

Dont :

1° Alfred-Roch-Alphonse Tillette de Mautort, né à Abbeville le 12 mai 1859.

2° Roch-Henri-Joseph-Alphonse Tillette de Mautort, né à Abbeville le 6 juin 1861.

(Voir degré X, page 20, n° 5).

X I

Jacques TILLETTE DE MAUTORT, écuyer, sieur
de Belleville, fils de Pierre Tillette, écuyer, seigneur
de Mautort, etc., et de demoiselle Charlotte de Villers,
sa deuxième femme, était en 1677 premier capitaine
au régiment d'Artois, et servit depuis dans le régiment
d'Arbouville. Il avait soixante-six ans et neuf mois lors
de la production de ses titres pour la maintenue de sa
noblesse dans laquelle il fut confirmé le 1er septembre
1703. Il mourut à Abbeville le 7 septembre 1717.

Marié par contrat du 13 janvier 1667 :

A demoiselle Madeleine DE LA GARDE, dame de
la vicomté de Fontaine-sur-Maye, fille de feu François,
sieur de Cumont, et de demoiselle Marie de Susleau.
Elle est morte au mois de mai 1733.

Dont :

1° Demoiselle Marie-Thérèse Tillette de Belleville,
morte à Abbeville, âgée de trente-sept ans environ, le
26 juin 1706.

Mariée par contrat du 2 juin 1694 :

A Mre Charles DE LA ROCHETTE, chevalier, seigneur de Saint-Pierre et de Beaumont, ancien brigadier des mousquetaires, gouverneur de Courtray. Mort à Abbeville le 6 février 1717.

2° Demoiselle Anne-Madeleine TILLETTE, demoiselle de Belleville et de Grandpré, née en septembre 1669, est morte sans alliance à Abbeville, âgée d'environ quatre-vingt-dix ans, le 19 avril 1759.

(Voir degré IX, page 17, n° 2)

X

ANTOINE TILLETTE DE MAUTORT, né à Abbeville le 27 janvier 1598, fils posthume de Antoine Tillette, écuyer, seigneur de Dructel, etc., et de dame Hippolyte Rohault de Brimeu, fut écuyer, seigneur du Mesnil, Warlus et du Maisniel-lès-Ochancourt. Il fut porte-drapeau de la compagnie du sieur de Fertin au régiment d'Hocquincourt, et passa ensuite au régiment des Gardes françaises. Il a fait un testament mutuel avec sa deuxième femme le 29 avril 1655, et vivait encore en 1663, 1667 et le 9 janvier 1668. Il demeurait à Warlus.

Marié : 1° par contrat du 12 février 1619 :

A demoiselle MARIE DE LA GARDE, fille de Jehan, sieur de Fontaine-sur-Maye, ancien mayeur d'Abbeville, et de demoiselle Marie Mourette de Saint-Eloy. Elle mourut avant 1634.

2° Par contrat du 1er juin 1638 :

A demoiselle MADELEINE DE RAMBURES-POIREAU-VILLE, fille de François, écuyer, sieur de Poireauville, et de demoiselle Elisabeth de Nonant Le Comte.

Dont du premier lit :

1° Demoiselle Anne TILLETTE, née à Abbeville le 17 septembre 1620, dame de la pairie de Fontaine-sur-Maye, morte sans enfants le jour de la Pentecôte 1636.

Mariée par contrat du 25 février 1634 :

A Nicolas DE LISQUES, écuyer, seigneur de Tofflet, Mesnil-Trois-Fétus, La Motte, capitaine gouverneur de Noyelles, fils de feu Oudart de Lisques et de demoiselle Anne de Gouy de Campremi.

Du deuxième lit :

2° Nicolas TILLETTE, écuyer, fils aîné et nommé légataire de toute la fortune de ses père et mère par leur testament mutuel du 29 avril 1655. C'est tout ce qu'on connaît de lui.

3° Antoine TILLETTE, qui suit.

4° Flour TILLETTE, écuyer, vivant le 29 avril 1655 lors du testament de ses père et mère.

5° Louis TILLETTE, écuyer, sieur du Mesnil, né à Warlus le 6 octobre 1652, prit du service et devint major de la ville de Dieppe. Il demeurait à Nogent-le-Rotrou où il s'était marié.

Marié :

A demoiselle Anne-Marguerite DE FROMONT.

6° Demoiselle Marie TILLETTE DU MESNIL, fit avec son mari un testament mutuel le 9 juin 1667.

Mariée par contrat du 25 février 1660 :

A Mre Jacques DE CARPENTIN, écuyer, sieur de Cumont, né le 21 janvier 1597, veuf de demoiselle
Marguerite Le Bel de Willammeville, fils de Mre Jean
de Carpentin, écuyer, sieur de Cumont, et de demoiselle
Marguerite Tillette de Mautort. Il est mort à Cumont en
janvier 1668.

Plusieurs enfants dont le sort est inconnu, entre
autres cinq filles vivantes en 1655.

XI

ANTOINE TILLETTE, écuyer, seigneur du Maisniel-
lès-Ochancourt, Le Mesnil, Warlus, né à Warlus le 24
février 1644, y demeurait lors de la production de ses
titres pour la maintenue de sa noblesse qu'il obtint le
1er septembre 1703.

Marié par contrat du 30 mai 1697 :

A demoiselle MARIE-ANNE DE LA LUMIÈRE, fille
de François-Honoré, sieur de Lussan, et de demoiselle
Marguerite de La Rue. — Mère tutrice de ses enfants,
elle était, dès 1710, remariée à Antoine-Charles de
Marmont, écuyer, sieur de Villers, cornette au régiment
Dauphin étranger, cavalerie.

Dont :

1º Antoine TILLETTE DU MESNIL, né le 5 juin 1699, mort sans alliance.

2º Jacques-Bernard TILLETTE, chevalier, seigneur du Mesnil-lès-Franleux, Warlus et de la vicomté du Maisniel-lès-Ochancourt, né le 2 juin 1701, mort en 1766.

Marié par contrat du 30 juin 1752 :

A demoiselle Marie—Charlotte DE CARPENTIN, fille de Marc-Antoine, chevalier, seigneur de Cumont, et de demoiselle Marie-Catherine de Doncœur, dame de Ponthoile.

3º Demoiselle Marie-Jeanne TILLETTE, dame du Mesnil et de Warlus, née le 6 mars 1698, morte le 3 avril 1738.

Mariée par contrat du 6 février 1736 :

A François-Joseph DE VILLERS-ROUSSEVILLE, écuyer, seigneur d'Hocquincourt, né le 1ᵉʳ mai 1702, fils unique du deuxième lit de François de Villers, trésorier de France à Amiens, et de demoiselle Anne Mouret. Il est mort en mars 1765.

(Voir degré VII, page 9, n° 3)

VIII

Nicolas TILLETTE, écuyer, sieur de Gridenneville et de Port, licentié ès-loix, conseiller et avocat du roi en 1574, troisième fils de Antoine, sieur du Mesnil-lès-Franleux, et de demoiselle Catherine Gallespoix, dame d'Offinicourt. Il paraît qu'il mourut jeune.

Marié par contrat du 15 mai 1572 :

A demoiselle Marguerite DE LA RUE, fille de Hugues de La Rue, écuyer, sieur de La Rue et de La Motte.

Dont :

1° Claude Tillette, sieur d'Offinicourt, qui suit.

2° Philippe Tillette, né à Abbeville le 22 mars 1576.

3° Jacques Tillette, vivant en 1600, chanoine de Saint-Vulfran et curé de Notre-Dame-du-Châtel. Il a testé le 26 novembre 1630.

4° Demoiselle Marie Tillette, née à Abbeville le 30 août 1573. Elle vivait veuve en 1622 et le 22 juin 1629.

Mariée par contrat du 18 juillet 1596 :

A François DE POCHOLLES, écuyer, sieur de Hautbut et de Bromœncourt, homme d'armes de la compagnie de Mᵍʳ le comte de Saint-Paul, gouverneur et lieutenant-général pour le roi en la province de Picardie, fils de Jean et de demoiselle Jacqueline de Coppequesne. Il a testé le 25 février 1616.

5° Demoiselle Catherine TILLETTE, religieuse à Morienval, vivait en 1630.

6° Demoiselle Louise TILLETTE, née à Abbeville le 2 février 1575. Elle vivait en 1599 et en 1600 lors du mariage de son frère aîné.

IX

CLAUDE TILLETTE, écuyer, sieur d'Offinicourt, de Port, de Gridenneville et du Crocq (fief en Boulonnais), conseiller du roi, son avocat-général au comté et sénéchaussée de Ponthieu en 1600, fut deuxième échevin en 1608, premier en 1618 et 1621, mayeur d'Abbeville en 1609 et 1610. Il mourut à Abbeville le 12 janvier 1632.

Marié par contrat du 22 août 1600 :

A demoiselle BARBE LE BEL, veuve de Mᵉ Nicolas

du Candas, sieur de Boiville, et fille de Jehan Le Bel, sieur d'Huchenneville, et de demoiselle Marguerite Manessier.

Elle était morte veuve avant le 10 novembre 1638 et avait testé le 1ᵉʳ octobre de la même année.

Dont :

1° Pierre TILLETTE, né à Abbeville le 12 avril 1609, mourut sans suite.

2° Henri TILLETTE, né à Abbeville le 25 juillet 1616, abbé commendataire de l'abbaye royale de Forest-Montier qu'il avait obtenue par la protection de Mᵍʳ Henri d'Orléans, duc de Longueville, gouverneur de Picardie, son parrain. Il était seigneur de Machiel, et comparaît au mariage de son frère Claude en 1643.

3° Claude TILLETTE, qui suit.

4° Demoiselle Jacqueline TILLETTE, née à Abbeville le 15 octobre 1601. Elle a testé en 1650, et est morte veuve à Abbeville le 23 août 1665.

Mariée à Abbeville par célébration du 25 juillet 1619 :

A noble homme Pierre VAILLANT, sieur de Neufrue, fils de Pierre et de demoiselle Geneviève Tillette d'Hesdimeux. Il mourut à Abbeville, âgé de vingt-neuf ans, le 12 octobre 1625.

5º Demoiselle Marie TILLETTE, née à Abbeville le 29 janvier 1603.

Mariée à Abbeville par contrat du 17 avril 1627 :

A François DE FRIEUCOURT, écuyer, seigneur de Tully, fils de François, écuyer, sieur de Lisles, Tully, Saint-Hilaire, et de demoiselle Hélène de Louvencourt de Pierre Cluet. Il vivait veuf en 1655.

6º Demoiselle Françoise TILLETTE, née à Abbeville le 16 janvier 1605, vivait le 21 janvier 1662.

Mariée par contrat du 26 février 1621 :

A Hiérôsme DES ESSARTS, chevalier, seigneur du Hamelet et de Morlay, cornette de la compagnie du sieur des Essarts de Meigneux, son frère aîné, tous deux fils de Charles des Essarts, chevalier, seigneur de Meigneux, gouverneur de Montreuil, et de demoiselle Jeanne de Joigny, dame de Brequessent. Il était mort dès 1662.

7º Demoiselle Louise TILLETTE, née à Abbeville le 22 juin 1614, morte jeune.

8º Demoiselle Barbe TILLETTE, née à Abbeville le 29 septembre 1627. Elle testa le 4 février 1679, et mourut le même jour à Abbeville.

Mariée par contrat du mois de septembre 1648 :

A noble homme Antoine BOULLON, écuyer, contrôleur des eaux et forêts de Picardie en la maîtrise d'Abbeville, fils de noble homme Maximilien et de demoiselle Jeanne Maillart de Houdan. Il était aussi gentilhomme de Mgr le prince d'Epinoy.

X

CLAUDE TILLETTE, écuyer, sieur d'Offinicourt et de Gridenneville, conseiller du roi, lieutenant particulier en la sénéchaussée et siége présidial d'Abbeville, né à Abbeville le 15 avril 1619, y mourut le 1er août 1684.

Marié par contrat du 28 juillet 1643 :

A demoiselle FRANÇOISE DE LA GARDE, dame des Héreaux, fille de Jacques, sieur des Héreaux, et de demoiselle Marie Vaillant de Neufrue. Elle mourut à Abbeville le 15 décembre 1663.

Dont :

1° Claude TILLETTE, qui suit.

2° François TILLETTE, sieur de Randun et de Chauvelin, né à Abbeville le 15 novembre 1650. Il vivait en 1672 et 1684, et fit un testament olographe le 15 septembre 1715. Il mourut vers le 1er février 1716.

3° Demoiselle Geneviève TILLETTE, née à Abbeville le 16 novembre 1644, fut religieuse de Saint-François à

Rue, sous le nom de sœur Saint-Augustin. Elle vivait le 6 septembre 1672.

4° Demoiselle Marie-Jacqueline TILLETTE, vivait en 1688 et mourut à Abbeville le 12 août 1729.

Mariée par contrat du 13 février 1668 :

A noble homme François LE BLOND, écuyer, seigneur d'Acquet, lieutenant particulier au présidial d'Abbeville, y est né le 29 avril 1640, fils de noble homme Simon Le Blond, seigneur d'Acquet, conseiller au présidial, et de demoiselle Marguerite Leroi de Saint-Lau. Il fut mayeur d'Abbeville.

5° Demoiselle Barbe TILLETTE D'OFFINICOURT, née le 1er mai 1652, mourut à Abbeville le 16 juin 1724.

6° Demoiselle Isabelle TILLETTE, demoiselle de Franval, née à Abbeville le 21 janvier 1654, a testé le 16 mai 1734, et mourut à Abbeville le 17 juin 1735.

7° Demoiselle Gertrude-Françoise TILLETTE, née à Abbeville le 29 novembre 1655, mourut dans la même ville le 20 octobre 1720.

Mariée : 1° par contrat du 6 décembre 1676 :

A noble homme Jean VAILLANT, écuyer, seigneur de Caummodel, veuf de demoiselle Jacqueline Dubos de Tasserville, et fils de Jean Vaillant, sieur de Caummodel, et de dame Isabelle Leroi de Saint-Lau.

2° Par contrat du 4 février 1691 :

A noble homme Philippe VAILLANT, écuyer, seigneur de Favières, conseiller au présidial, né à Abbeville le 8 mars 1654, fils aîné de Claude Vaillant, seigneur de Favières, et de Marie Leroi de Saint-Lau. Il mourut à Abbeville le 2 septembre 1728.

8° Demoiselle Catherine TILLETTE, née à Abbeville le 19 avril 1657, mourut jeune avant 1672.

9° Demoiselle Louise-Ursule TILLETTE, née le 30 août 1661, était morte avant le 6 décembre 1676.

XI

CLAUDE TILLETTE, écuyer, seigneur d'Offinicourt et de Longvillers, né à Abbeville le 3 août 1648. Son testament a été contrôlé le 8 février 1727.

Marié par contrat du 1er octobre 1681 :

A demoiselle MARIE-ANNE LE BEL, née à Abbeville le 20 juillet 1659, fille aînée de Nicolas, sieur d'Huchenneville, et de demoiselle Marie Dubos de Tasserville. Elle mourut à Abbeville le 7 juillet 1742 et fut inhumée à Longvillers.

Dont :

1° Claude TILLETTE, écuyer, seigneur et patron de Longvillers, né à Abbeville le 16 décembre 1682, fut lieutenant au régiment de cavalerie de Condé, mayeur d'Abbeville en 1741, mourut sans enfants le 22 mars 1743 et fut inhumé à Longvillers.

Marié : 1° par contrat du 23 février 1724 :

A demoiselle Marie-Antoinette DANZEL DE BERTRIVILLE, fille de Henri-Nicolas, écuyer, sieur du Busmenard, et de demoiselle Marie de Bristel d'Hiermont.

2° Par contrat du 7 avril 1739 :

A demoiselle Anne-Lucie LEFEBVRE DE WADICOURT, fille de feu noble homme Pierre, seigneur de La Poterie et de Wadicourt, conseiller au présidial d'Abbeville, et de demoiselle Geneviève-Maurice de Bainât, sa veuve.

Elle était née en 1712 ; elle est morte veuve à Abbeville en 178..

2° Nicolas TILLETTE, sieur d'Offinicourt, qui suit.

3° Philippe TILLETTE, né à Abbeville le 3 mars 1690, mort le 9 suivant.

4° Demoiselle Marie-Catherine TILLETTE, demoiselle de Longvillers, née à Abbeville le 20 mars 1687, a testé le 21 mai 1768, et est morte à marier à Abbeville le 14 décembre 1775. Elle fut inhumée à Longvillers.

5

XII

Nicolas TILLETTE, écuyer, sieur d'Offinicourt,
seigneur et patron de Longvillers, né à Abbeville le 19
février 1684, a testé le 1ᵉʳ juillet 1761, mort à Abbeville le 6 du même mois et fut inhumé à Longvillers.

Marié par contrat du 1ᵉʳ mai 1746 :

A demoiselle MARIE-ELISABETH VAILLANT, fille aînée
de François, écuyer, seigneur de Villers-sous-Ailly, et
de demoiselle Marie-Elisabeth Vaillant, dame de Caummodel. Elle s'est remariée en 1772 à Charles Vincent
d'Hantecourt, chevalier, seigneur de Morival, chevalier
de l'ordre royal et militaire de Saint-Louis, ancien
capitaine au régiment de Champagne, dont elle est veuve
en 1793. Elle est morte à Paris le 8 octobre 1797.

Dont :

1° Demoiselle Marie-Catherine-Elisabeth TILLETTE,
dame et patronne de Longvillers, Offinicourt et de la
pairie d'Iseux ; dame encore d'Inval et du Maisniel-lès-
Ochancourt ; née à Abbeville le 23 août 1749.

Mariée par contrat du 20 novembre 1772 :

A Gabriel-Pierre-André-Christophe VINCENT, chevalier, marquis D'HANTECOURT, seigneur de Tournnvincent,

Raimecourt, Launoi, Coulonvillers, Gurdon, Mérival, Baillon, Frettemeule, capitaine de cavalerie, mousquetaire de la garde du roi de la 2ᵐᵉ compagnie, chevalier de l'ordre royal et militaire de Saint-Louis, fils de Pierre-André Vincent, chevalier, seigneur d'Hantecourt, et de demoiselle Marie-Louise-Marguerite Carpentier. Il est né à Amiens le 8 janvier 1739, et il est mort le 10 décembre 1808.

2° Demoiselle Marie-Françoise TILLETTE D'OFFINI-COURT, demoiselle du Fayel, née à Abbeville le 5 septembre 1752, fut dame du Fayel et des Héreaux. Elle est morte à Abbeville le 10 décembre 1787 ; son testament olographe est du 6 octobre 1776.

Mariée par contrat du 15 février 1776 :

A noble homme Pierre DUVAL, écuyer, sieur de Soyecourt et du fief de La Grossetête à Ligescourt, l'un des mousquetaires du roi dans la 2ᵐᵉ compagnie, chevalier de l'ordre royal et militaire de Saint-Louis, né le 26 novembre 1732, fils de noble homme Nicolas Duval, sieur de Soyecourt, lieutenant parculier, assesseur criminel en la sénéchaussée de Ponthieu, ancien mayeur d'Abbeville, et de demoiselle Périne-Claudine Le Mahieu. Il est mort le 6 avril 1808.

(Voir degré VII, page 9, n° 4).

VIII

ELOI TILLETTE, écuyer, seigneur d'Achery, de Brancourt, Courcelles, né à Abbeville le 15 mai 1554, fils d'Antoine, sieur du Mesnil, et de demoiselle Catherine Gallespoix, dame d'Offinicourt; fut échevin, puis mayeur en 1600 ; devint héritier et légataire universel de Jean Tillette, sieur d'Achery, son frère, et mourut à Abbeville le 11 mai 1625.

Marié par contrat du 10 avril 1582 :

A demoiselle ANNE LAIGNIEL, fille d'Antoine, seigneur de Buigny-Saint-Maclou et de Grébaumaisnil, conseiller du roi, examinateur en Ponthieu, et de demoiselle Marie Le Prevôt.

Dont :

1° François TILLETTE, sieur d'Achery, qui suit.

2° Jean TILLETTE, sieur de Courcelles, qui suivra degré IX, page 82.

3° Jacques TILLETTE, prêtre, docteur en théologie, chanoine de l'église royale et collégiale de Saint-

Vulfran, curé de Huitmille en Boulonnais, devint vicaire-général et archidiacre de Tours; vivant en 1627.

4° Pierre TILLETTE, écuyer, sieur de Brancourt, né à Abbeville le 24 juillet 1601, était mort avant le 19 novembre 1658.

5° Demoiselle Anne TILLETTE, a testé le 11 juille 1621 et était morte avant le 4 décembre 1638.

Mariée par contrat du 14 février 1611 :

À Antoine VINCENT, sieur de Froises, fils puîné d'André, sieur de Raimecourt, conseiller au présidial, et demoiselle Françoise Maillart de Demenchecourt.

6° Demoiselle Marguerite TILLETTE, morte veuve et sans enfants, à Abbeville, le 26 mars 1661; elle était veuve dès le 19 novembre 1658.

Mariée par contrat du 12 décembre 1619 :

À Charles DE THÉRACHE, écuyer, sieur de La Basse-Boulogne, gentilhomme ordinaire de la garde de son altesse royale Mgr Gaston duc d'Orléans, frère du roi; fils de feu noble homme François de Thérache et de demoiselle Marguerite de Caumont de Gauville.

7° Demoiselle Antoinette TILLETTE, morte le 4 novembre 1674.

Mariée par contrat du 29 juin 1629 :

À Mre François DE SAINT-BLIMOND, chevalier, seigneur

de La Verrière, Pinchefalise, fils d'Antoine, seigneur de
Supplicourt, et de demoiselle Anne de Louvencourt
Pierre Cluet. Mort en 1672.

8° Demoiselle Marie TILLETTE, dame de Catigny,
morte veuve et sans enfants, à Abbeville, le 5 novembre 1672.

Mariée par contrat du 21 octobre 1643 :

A Pierre LE BOUCHER, écuyer, sieur du Castelet,
ancien lieutenant criminel, veuf de demoiselle Françoise
Groust de La Folie, et fils de Pierre Le Boucher, écuyer,
sieur du Castelet, aussi lieutenant criminel, et de demoiselle Nicole de Bernard de Moismont, sa deuxième
femme. Il fut tué en duel par Antoine Boullon, gentilhomme de Mᵍʳ le prince d'Epinoy, mari de Barbe
Tillette d'Offinicourt, nièce à la mode de Bretagne de la
dite Marie Tillette. Le sieur du Castelet avait déjà
quarante-neuf ans quand cet événement arriva; il ne
paraît pas qu'il soit mort sur-le-champ, puisque son
testament est du 25 octobre 1649 et qu'il ne mourut
que le 9 novembre suivant.

9° Demoiselle Jeanne TILLETTE, née à Abbeville le 18
juillet 1598.

IX

FRANÇOIS TILLETTE, écuyer, seigneur d'Achery. Homme d'armes de la compagnie d'ordonnance du duc d'Angoulême, il a donné des preuves de courage et de fidélité, notamment aux sièges de Bourbourg et de Gravelines, comme le portent les lettres de noblesse qu'il obtint de Louis XIII au mois de novembre 1638. Plus tard, il fut conseiller du roi, lieutenant-général et enquesteur examinateur de la maîtrise des eaux et forêts de Picardie; fut mayeur d'Abbeville en 1638; a fait un testament olographe le 20 mars 1651, et est mort à Abbeville le 7 novembre 1653.

Marié: 1° par contrat du 13 janvier 1614:

A demoiselle LOUISE DUBOS, fille de Nicolas, écuyer, seigneur de Hurt et de Drancourt, et de demoiselle Jacqueline de Louvencourt. Elle est morte à Abbeville le 9 novembre 1630.

2° Par contrat du 1er avril 1634:

A demoiselle LOUISE DE BERNARD, fille de Jacques, écuyer, seigneur de Moismont, lieutenant-général en la sénéchaussée de Ponthieu, et de demoiselle Marie de Rely, sa deuxième femme.

Dont du premier lit :

1° François TILLETTE, né à Abbeville le 23 juillet 1624, était mort avant l'acte de tutelle du 2 juillet 1631, puisqu'il n'y est pas nommé.

2° Demoiselle Jacqueline TILLETTE, a fait un testament le 2 novembre 1651 et mourut dans le même mois.

Mariée par contrat du 18 février 1649 :

A François DE VENDÔME, écuyer, sieur d'Abancourt, fils de Jacques, bâtard de Vendôme-Ligny, écuyer, sieur de Ligny et de Courcelles, et de demoiselle Louise de Gouy-Cornehotte. Il se remaria vers 1665 à demoiselle Jeanne Fouquet. Il a testé le 15 janvier 1667 et mourut dans le même mois.

3° Demoiselle Louise TILLETTE, née à Abbeville le 26 mai 1627, mourut avant 1692.

Mariée par contrat du 29 décembre 1650 :

A Pierre DU MESNIL, écuyer, seigneur de Bettencourt, fils de David, écuyer, sieur de Hardoncelles, et de demoiselle Hélène Bernard de Moismont.

4° Demoiselle Françoise TILLETTE, née à Abbeville le 5 novembre 1628, était morte avant l'acte de tutelle de 1631, puisqu'elle n'y est pas nommée.

5° Demoiselle Marie TILLETTE, religieuse à l'Hôtel-Dieu d'Abbeville.

Et du deuxième lit :

6° Louis TILLETTE, sieur d'Achery, qui suit.

7° François TILLETTE, écuyer, seigneur du Lucquet et d'Achery, d'abord lieutenant au régiment de Saint-Vallier dans la compagnie de Vieuxfumée, ensuite capitaine au régiment de Dampierre. Il s'est signalé dans les guerres de Flandre et au siège de Candie, en 1669, où il fut avec les deux cents capitaines réformés commandés par le comte de Dampierre, et y fut blessé d'une mousquetade au bras gauche. Il servit ensuite en Amérique et aux Indes avec distinction ; fut confirmé dans sa noblesse avec son frère en 1662, et mourut avec le grade de colonel au siège de Grave, assiégé par le prince d'Orange, en 1674. Les registres de la paroisse Saint-Eloy, en faisant mention des services célébrés pour lui à Abbeville le 4 décembre 1674, le disent mort à Maseyck.

8° Demoiselle Françoise TILLETTE, née à Abbeville le 26 mars 1635.

9° Demoiselle Marie TILLETTE, morte sans enfants ; elle a testé le 15 octobre 1661.

Mariée par contrat du 17 octobre 1660 ·

A Louis DU MESNIL, écuyer, seigneur de Maucourt, qui se remaria à demoiselle Catherine de Guisselin, qui était veuve en 1680.

10° Demoiselle Anne TILLETTE, née à Abbeville le 15 janvier 1639, a testé le 11 septembre 1705, et est morte à Abbeville le 20 juin 1710, sans enfants de ses deux mariages.

Mariée : 1° par contrat du 22 novembre 1660 :

A Joachim DE FONTAINES, chevalier, seigneur Desprez, veuf de demoiselle Michelle de Lisques de Tofflet, et fils puîné de Joachim de Fontaines, chevalier, seigneur de Cerisy, Woincourt, et de demoiselle Marie Roussel d'Escarbotin. Il mourut à Abbeville le 10 décembre 1683.

2° Par contrat du 7 février 1686 :

A Louis DE FONTAINES, chevalier, seigneur du Four et de Cormont, lieutenant d'une compagnie de cavalerie dans le régiment Dauphin étranger, fils puîné de Nicolas de Fontaines, chevalier, seigneur de La Neuville-au-Bois, Wiry, et de demoiselle Marie de Belloy-Landrethun. Il mourut à Abbeville, âgé de soixante-quinze ans, le 5 mai 1778.

11° Demoiselle Hélène TILLETTE, née à Abbeville le 19 juillet 1645.

12° Demoiselle Françoise TILLETTE, née à Abbeville le 19 juillet 1647.

13° Demoiselle Marie-Madeleine TILLETTE, vivante en 1660, morte sans enfants à Abbeville le 13 mars 1704.

Mariée par contrat du 17 janvier 1682 :

A Jacques DE BEAU, baron DE CATIGNY, chevalier, seigneur de Fricourt et de Fresnes, fils de Charles, chevalier, baron de Fresnes, et de demoiselle Judith-Elisabeth de Neuville.

X

LOUIS TILLETTE, écuyer, seigneur d'Achery, Acheux, Fontaines, Lucquet, Froyelles, Catigny, Lanchères, Sallenelles, Brancourt et Molières de Cayeux, né à Abbeville le 9 septembre 1636, lieutenant au régiment d'Arbouville. Il acquit la terre d'Acheux de M. de Gamaches, et mourut en 1704.

Marié par contrat du 23 juillet 1658 :

A demoiselle MARGUERITE FLEURTON, fille de Henri, écuyer, sieur de Beaumets, trésorier de France à Amiens, et de demoiselle Antoinette Groult de La Folie. Elle est morte à Acheux le 29 novembre 1720.

Dont :

1° François TILLETTE, écuyer, sieur d'Acheux, qui suit.

2° Louis TILLETTE, chevalier, seigneur du Lucquet et d'Achery, né en 1662, garde du corps du roi, avait cinquante-cinq ans en 1717 lors de la production des preuves pour le maintien de sa noblesse, et demeurait à Acheux lorsqu'il fit avec sa deuxième femme un testament mutuel le 28 juillet 1677. Il mourut sans enfants en 1728.

Marié : 1° par contrat du 31 juillet 1706 :

A dame Marguerite DE BOULLONGNE, veuve de Louis Danzel, chevalier, seigneur de Boismont, et fille d'Adrien de Boullongne, écuyer, sieur de Beaurepaire, et de demoiselle Marie Griffon. Elle a testé le 12 juillet 1707.

2° Par contrat du 9 décembre 1707 :

A demoiselle Marie GAILLARD, fille de feu Philippe, écuyer, sieur de Rocquelieu, et de demoiselle Françoise Maillart de Demenchecourt. Née le 15 octobre 1665, elle vivait veuve le 7 juillet 1728.

3° Henri TILLETTE, écuyer, sieur de Lanchères, né en 1670, l'un des gardes du corps du roi, puis lieutenant au régiment d'Artois, devint aussi seigneur d'Achery, et mourut à Acheux le 30 mars 1734.

4° Charles TILLETTE, écuyer, sieur de Berville ;

capitaine au régiment de Picardie, mourut le 18 janvier 1722.

5° César TILLETTE, écuyer, sieur de Sallenelles, mousquetaire de la première compagnie, pensionnaire du roi, fut tué à la bataille de Ramillies le 23 mai 1706.

6° Augustin TILLETTE, écuyer, sieur de La Boissières, Acheux, Achery, garde du corps du roi, né en 1676, mourut à Acheux le 24 janvier 1751, sans enfants de ses deux femmes.

Marié : 1° par contrat du 7 octobre 1712 :

A demoiselle Marguerite DE MONS, veuve de noble homme Pierre Lerminier, sieur de Belleval, et fille de Robert de Mons et de demoiselle Jacqueline de Ribeaucourt. Elle est morte à Abbeville le 18 janvier 1733.

2° Par contrat du 3 septembre 1734 :

A demoiselle Marie-Geneviève SIMONET, née à Paris le 7 février 1702, fille de Pierre-Paul, écuyer, secrétaire du roi, et de demoiselle Catherine-Elisabeth Bruslé. Elle se remaria en 1752 à Pierre-François de Ponthieu, sieur de Bernapré, dont elle n'eut pas non plus d'enfants, et mourut à Abbeville, retirée aux sœurs grises, le 20 juillet 1769.

7° Alexis TILLETTE, écuyer, sieur de Catigny, né en

1679, vivait à Oisemont en 1743, est mort le 20 avril 1757.

8° Antoine TILLETTE, écuyer, sieur de Bailleul, ancien garde du corps du roi, lieutenant de cavalerie, demeurait à Valines et y mourut le 14 mars 1711.

Marié par contrat du 21 avril 1703 :

A demoiselle Marie-Françoise DE CHÉRIE, demoiselle de Fontenie, née à Abbeville le 6 novembre 1682, fille de Claude de Chérie, chevalier, seigneur de Willencourt, Montmarquet, La Fresnoy, et de demoiselle Marie du Tilloy. Elle avait fait avec son mari un testament mutuel le 3 juillet 1709, et mourut en 1737.

9° Demoiselle Marie-Antoinette TILLETTE, née à Abbeville le 18 juillet 1659, vivait encore en 1743.

Mariée par contrat du 26 juillet 1685 :

A Louis LE ROI, écuyer, seigneur de Valines, Selicourt, Lignerolles, né vers 1666, fils de Louis, écuyer, sieur de Valines, et de demoiselle Françoise Fleurton, sœur de Marguerite Fleurton sa belle-mère. Il vivait en 1699.

10° Demoiselle Marie-Anne TILLETTE, religieuse à Rue, morte en 1738.

11° Demoiselle Barbe TILLETTE, religieuse à Boulogne, vivante en 1743.

12° Demoiselle Marguerite TILLETTE, vivante le 2 janvier 1707.

13° Demoiselle Angélique TILLETTE, morte le 3 octobre 1729.

Mariée après 1713 :

A Adrien LE SUEUR, écuyer, sieur de Volcomte, fils d'Adrien et de demoiselle Marie-Anne Ternisien de Fresnes.

14° Demoiselle Louise-Madeleine TILLETTE, née en 1687, morte le 18 mai 1724.

Mariée après 1717 :

A Etienne TERNISIEN, écuyer, sieur de Vallembert, mousquetaire de la garde du roi, fils de Simon, écuyer, sieur de Fresnes, et de demoiselle Françoise Routier.

15° Demoiselle Françoise-Catherine TILLETTE, née en 1689, morte en 1741.

Mariée par célébration du 8 février 1729, paroisse de Valines :

A Daniel DE HOUDETOT, écuyer, sieur de Colomby, fils aîné de Daniel, écuyer, sieur de Roumure, et de demoiselle Marthe de Rambures de Haudescourt. Il était âgé de quarante-sept ans lors de son mariage.

XI

FRANÇOIS TILLETTE, écuyer, seigneur d'Acheux, né en 1660, lieutenant au régiment d'Artois, avait cinquante-sept ans en 1717 lors de la production des preuves pour la maintenue de sa noblesse qu'il obtint le 6 décembre de la même année. Il mourut en 1748, âgé de quatre-vingt-huit ans.

Marié vers le 29 novembre 1720 :

A demoiselle SUZANNE LE SUEUR DE VOLCOMTE, fille d'Adrien, écuyer, sieur de Volcomte, et de demoiselle Marie-Anne Ternisien de Fresnes. Elle est morte vers Pâques 1788, âgée de quatre-vingt-trois ans.

Dont :

1° Louis TILLETTE D'ACHEUX, officier dans les milices, mort à l'âge de quatre-vingt-six ans.

2° François-Vincent TILLETTE, écuyer, sieur de Catigny, a d'abord servi dans les milices en qualité d'officier, est devenu capitaine de grenadiers au régiment de Normandie, chevalier de l'ordre royal et militaire de Saint-Louis. Il s'est retiré du service en 1788, et est mort à Abbeville en 1818, âgé de quatre-vingt-six ans. Il était né le 13 octobre 1732.

3º Demoiselle Madeleine-Françoise-Suzanne TILLETTE, née vers 1724, religieuse carmélite à Abbeville sous le nom de sœur de Saint-Louis, est morte à Abbeville le 15 mars 1815.

4º Henriette TILLETTE, morte sans alliance à l'âge de quarante ans, à Paris.

———

(Voir degré VIII, page 68, n° 2)

IX

JEAN TILLETTE, fils d'Éloi, écuyer, seigneur de Brancourt, et de demoiselle Anne Laigniel de Buigny, fut écuyer, seigneur de Courcelles et de Longvillers, maître particulier des eaux et forêts du comté de Boulonnais. Il demeurait à Abbeville lors de son mariage, et mourut dans cette ville le 11 mars 1665.

Marié par contrat du 23 juin 1631 :

A demoiselle MARIE DE CANTELEU, fille de noble homme Paul, conseiller du roi, et de demoiselle Louise Le Bel de Willameville.

Dont :

Jean TILLETTE, qui suit.

X

JEAN TILLETTE, écuyer, seigneur de Courcelles et de Longvillers, maître particulier des eaux et forêts du

Boulonnais, né à Abbeville le 10 mars 1634. Il demeurait à Longvillers le 26 janvier 1673.

Marié par contrat du 7 décembre 1668 :

A demoiselle MARIE L'ESCUYER, fille de Jean, sieur du Bois et de La Motte, et de demoiselle Marie de Bernay-Favencourt. Elle était née en 1646 et vivait en 1688.

Dont :

1° Jean TILLETTE, écuyer, sieur de Courcelles, qui suit.

2° César TILLETTE, écuyer, sieur de Tourville, lieutenant de dragons au régiment du Roi, dans la compagnie de son frère aîné. Il était mort avant le 16 mars 1736.

Marié :

A demoiselle Elisabeth DU PARCK.

3° Demoiselle Marie-Anne TILLETTE DE COURCELLES, morte avant 1743.

Mariée par célébration du 3 janvier 1694, à Abbeville :

A Augustin LE ROY, écuyer, seigneur d'Hantecourt, né le 29 juillet 1674, troisième fils de Louis, écuyer, seigneur de Valines, et de demoiselle Françoise Fleurton. Il était garde du corps du roi, et vivait en 1717, époque où il obtint la maintenue de sa noblesse. Il était mort avant 1743.

XI

JEAN TILLETTE, écuyer, seigneur de Courcelles et de Longvillers, capitaine d'infanterie au régiment de Lannoy, était en 1725 capitaine de dragons au régiment du Roi. Il avait quitté le service en 1734, et est mort sans enfants en 1749. La terre de Longvillers fut vendue sur lui, par décret, au sieur Tillette d'Offini-court, son parent, et le fief de Courcelles, au sieur Gaillard de Séronville.

Marié : 1° A Grébautmesnil, entre le 2 mai et le 10 août 1693 :

A demoiselle JEANNE DU MAISNIEL DE LONGUE-MORT, fille d'Adrien, écuyer, seigneur d'Hantecourt, et de demoiselle Adrienne Bizard, sa première femme. Elle mourut le 8 octobre de la dite année 1693, paroisse du dit Grébautmesnil.

2° Par célébration du 11 janvier 1702, paroisse de Grébautmesnil :

A demoiselle ANNE-FRANÇOISE DE BOMMY, veuve de Jean-Dominique de La Roque, écuyer, sieur de

Roberval , fille de Mre Anne de Bommy, écuyer ,
sieur de Fontaines , Willammeville , Vaux et Grébautmesnil , et de demoiselle Claire de Maillefeu
d'Alinville. Elle est morte sans enfants en 1723.

———

(Voir degré VI, page 6, n° 4)

VII

Louis TILLETTE, fils de Mathieu et de demoiselle Jeanne Balen, échevin en 1561, vivait le 18 novembre 1573, date d'une obligation par lui passée, et était mort avant le 13 décembre 1576.

Marié : 1°

A demoiselle JEANNE GOUVION, fille d'Aléaume et de demoiselle Marie de Calonne.

2° Par contrat du 4 juin 1561 :

A demoiselle BONNE ALIAMET, fille de Nicolas Aliamet et de demoiselle Marguerite Martel. Elle vivait veuve en 1576, 1586 et 1597.

Dont du premier lit :

1° Mathieu TILLETTE, qui suit.

2° Jacques TILLETTE, vivant en 1618 et 1626.

3° Demoiselle Anne TILLETTE, religieuse dominicaine à Abbeville.

4° Demoiselle Françoise TILLETTE, ne vivait plus en 1576.

Et du deuxième lit :

5° Demoiselle Marguerite TILLETTE, avait testé le 24 novembre 1623 et mourut la même année.

Mariée avant le 22 juillet 1586 :

A Jean LÉVESQUE, fils d'Antoine, et de demoiselle Marguerite Regnier.

6° Demoiselle Geneviève TILLETTE, était mineure en 1576.

V I I I

MATHIEU TILLETTE, sieur de Ruigny (fief situé à Fressenneville) et d'Hesdimeux (fief situé à Froyelles), fut cinquième échevin en 1612, quatrième en 1613, mayeur en 1619. Il testa le 11 septembre 1625 et le 29 mars 1627, et mourut à Abbeville le 3 avril suivant.

Marié : 1° avant 1580 :

A demoiselle MARIE ALIAMET, fille de Nicolas, sieur de Berville, et de demoiselle Jacqueline Caton.

2° Par contrat du 14 janvier 1597 :

A demoiselle ISABEAU DE RIBEAUCOURT, fille de Martin et de demoiselle Marguerite de Monchaux.

Elle a testé le 24 octobre 1621, et mourut veuve, sans enfants, en 1628.

Dont du premier lit :

1° Mathieu TILLETTE, qui suit.

2° Jean TILLETTE, sieur de Becquefebvre, auteur de la branche des seigneurs de Woirel, qui suivra degré IX, page

3ᵉ Demoiselle Catherine TILLETTE, a testé le 2 décembre 1636, et vivait veuve à Abbeville en 1626.

Mariée :

A honorable homme Denis ROHAULT, fils d'André et de demoiselle Marie de Huppy. Il vivait le 17 septembre 1625 et était mort le 23 octobre 1626.

4° Demoiselle Geneviève TILLETTE, a testé à Abbeville le 3 mars 1632, mourut le 7 et fut inhumée aux Minimes.

Mariée par contrat du 12 février 1594 :

A honorable homme Pierre VAILLANT, échevin en 1610, fils de Jehan Vaillant, échevin de la ville de Boulogne, et de demoiselle Agnès Fœt.

5° Demoiselle Anne TILLETTE, morte à Abbeville le 16 mars 1642.

Mariée par contrat du 14 novembre 1599 :

A honorable homme Jean DELWARDE, fils de Charles et de demoiselle Françoise Mourette. Il a testé le 4

septembre 1625, et mourut à Abbeville le 17 octobre
1626.

IX

Mathieu TILLETTE, sieur de Ruigny et d'Hesdimeux, fut échevin en 1622 et 1636, fit un testament
mutuel avec sa femme le 27 mai 1652, et mourut à
Abbeville le 12 juin 1653.

Marié par contrat du 14 janvier 1607 :

A demoiselle MARIE WARRÉ, fille de feu Estienne
et de demoiselle Claude Roussel. Elle mourut veuve, à
Abbeville, le 21 février 1659.

Dont :

1° Mathieu TILLETTE, qui suit.

2° Jacques TILLETTE, né à Abbeville le 14 janvier
1617.

3° Jacques TILLETTE, sieur d'Hesdimeux, né à Abbeville le 3 janvier 1623, y mourut sans alliance le 23
février 1689.

4° Louis TILLETTE, écuyer, sieur du Bus, qui suivra
degré X, page

5° François TILLETTE, né à Abbeville le 7 avril
1629.

6° Françoise TILLETTE, née à Abbeville le 16 avril
1615.

7° Françoise TILLETTE, née à Abbeville le 13 octobre
1618.

8° Jacqueline TILLETTE, née à Abbeville le 18 avril
1621, mourut sans enfants le 21 octobre 1701, et fut
inhumée à Saint-Vulfran.

Mariée : 1° par contrat du 15 juin 1637 :

A François DE LA HAYE, chevalier, seigneur de
Bainast, fils de Charles de La Haye, écuyer, sieur de
Bainast, et de demoiselle Marie de Feurliart. Il vivait le
2 juin 1661.

2° Par contrat du 7 septembre 1665 :

A Jean DISQUES, écuyer, seigneur d'Hémeranques-
Videhen, fils d'Antoine et de demoiselle Louise Roussel,
sa première femme.

9° Geneviève TILLETTE, né à Abbeville le 14 sep-
tembre 1634, fut dame d'Hesdimeux après son frère
Jacques. Elle vivait veuve en 1709, et mourut à
Abbeville le 30 octobre 1721.

Mariée vers le 15 septembre 1649 :

A Charles BEAUVARLET, écuyer, seigneur de Drucat-
sur-l'Authie, né en 1631, fils de noble homme Charles,
sieur de Blangermont et de Drucat, et de demoiselle

Isabeau Asselin. Il était capitaine au régiment d'infanterie Royal, et fut anobli pour récompense de ses services par lettres du mois d'avril 1676, confirmées le 29 avril 1699. Il a testé le 20 janvier 1678, et est mort avant le 1er août 1681.

X

Mathieu TILLETTE, seigneur de Ruigny, a testé le 4 mars 1691, et mourut à Abbeville le 21 février 1695, étant fort âgé.

Marié : 1° par célébration à Abbeville du 20 février 1634 :

A demoiselle Louise DE DOMPIERRE, dame de Buigny-Saint-Macloud, Yonval, Espagne, née en 1613, fille d'honorable homme Jehan, conseiller au présidial d'Abbeville, et de demoiselle Marie Moisnel, dame du Camp du Bourg. Elle a testé le 5 mars 1642 et est morte dans la même année.

2° En janvier 1656, en la paroisse de Vismes :

A demoiselle Marie LE CARON, veuve d'Adrien Lefebvre, écuyer, sieur de Milly, et d'Antoine Nacart, sieur de Hodicq. Elle était fille de noble homme Charles

Le Caron, sieur de Louvencourt, et de demoiselle Jacqueline Bonnard. Elle mourut à Abbeville le 25 avril
1670.

Dont du premier lit :

1° Mathieu TILLETTE, sieur d'Yonval, qui suit.

2° Jehan TILLETTE, né à Abbeville le 15 décembre
1636, mort jeune.

3° Jehan TILLETTE, né à Abbeville le 23 juillet 1638,
mort jeune.

4° Jehan TILLETTE, écuyer, seigneur de Buigny, a
formé la branche des seigneurs de Buigny qu'on trouvera ci-après, degré XI, page 99.

5° Claude TILLETTE, né à Abbeville le 11 janvier
1641, mort jeune.

6° Esmart-François TILLETTE, sieur d'Espagne et du
Camp du Bourg, né à Abbeville le 27 février 1642;
était enseigne au régiment du sieur d'Espinoy en 1661,
lieutenant au régiment de Picardie en 1669; gentilhomme de la grande vénerie du roi en 1678. Il a
testé le 13 avril 1671, et était mort avant le 14 décembre 1694.

7° Marie TILLETTE, née à Abbeville le 23 octobre
1635, vivait en 1642 et était morte avant le 29 octobre
1663.

XI

Mathieu TILLETTE, sieur d'Yonval et de Ruigny, né à Abbeville le 3 décembre 1634, fut l'un des gardes du corps du roi, gentilhomme et lieutenant de la vénerie pour le cerf de Mgr le duc d'Orléans, frère unique du roi. Il mourut avant son père, le 8 octobre 1691.

Marié par contrat du 5 octobre 1660 :

A demoiselle MARIE PATTE, fille d'honorable homme Christophe et de demoiselle Suzanne de Hacq. Elle mourut à Abbeville le 21 février 1725, et fut inhumée à Saint-Vulfran.

Dont :

1° Mathieu TILLETTE, sieur d'Yonval, qui suit.

2° Jean TILLETTE, né à Abbeville le 20 mai 1666.

3° Vulfran TILLETTE, né à Abbeville le 8 octobre 1667, mourut à marier le 14 juilet 1695 et fut inhumé à Saint-Vulfran.

4° Joseph TILLETTE, né à Abbeville le 10 juillet 1671.

5° Louis-François TILLETTE, né à Abbeville le 24 février 1673.

6° Claude TILLETTE, seigneur de La Barre, né à Abbeville le 8 octobre 1676, fut officier de milice et mourut dans la même ville le 22 octobre 1767.

7° Claude TILLETTE, sieur d'Yonval, né à Abbeville le 23 octobre 1677. Il fut gentilhomme de son altesse royale Mme la duchesse d'Orléans, et vivait à Yonval en 1720 et le 20 décembre 1741. Il mourut sans alliance, à Rouvroy-lès-Abbeville, le 30 janvier 1745; il était venu demeurer dans ce faubourg après la vente par décret, sur lui et ses frères, de la terre d'Yonval, achetée par M. Le Roi de Valanglart.

8° François TILLETTE, sieur de La Motte, né à Abbeville le 9 février 1685, vivait le 30 janvier 1745 et en 1749.

9° Jacques TILLETTE, né à Abbeville le 2 juin 1688.

10° Demoiselle Marie TILLETTE, née à Abbeville en 1663, a testé le 23 août 1695 et mourut le 27 septembre de la même année.

11° Demoiselle Austreberthe TILLETTE, née à Abbeville le 1er septembre 1669, mourut dans la même ville le 10 août 1685.

12° Demoiselle Barbe-Marguerite TILLETTE, née à Abbeville le 2 octobre 1674. Elle fut titrée demoiselle de La Motte, et mourut sans alliance, à Abbeville, le 1ᵉʳ juillet 1735. Inhumée à Saint-Vulfran.

13° Demoiselle Marie-Anne TILLETTE, née à Abbeville le 1ᵉʳ avril 1679.

Mariée par contrat du 6 septembre 1706 ou 1710 :

A Mʳᵉ César DE RAMBURES, écuyer, sieur de Valcayeux, né en 1671, fils de Philippe, écuyer, sieur de Hulleux, et de demoiselle Rachel Le Sueur, dame de Valcayeux.

14° Demoiselle Agnès TILLETTE, née à Abbeville le 16 mars 1682, vivait en 1695, 1727, 1733 et 1742.

15° Demoiselle Louise TILLETTE, née à Abbeville le 26 septembre 1683, a testé le 25 avril 1743, et est morte sans enfants, à Abbeville, le 27 mai suivant.

Mariée par contrat du 12 mars 1733 :

A François-Charles MAILLART, sieur d'Olincourt, capitaine au régiment d'Aumale, depuis capitaine de grenadiers gardes-côtes, chevalier de l'ordre royal et militaire de Saint-Louis, pensionnaire du roi, son officier en sa grande fauconnerie ; fils de noble homme Charles Maillart et de demoiselle Marie-Anne de Cailly. Il est mort âgé de soixante-quatre ans, à Otineau, paroisse de Blangy, le 4 septembre 1759.

16° Demoiselle Gertrude TILLETTE, née à Abbeville le 19 juin 1686, morte jeune.

17° Demoiselle Jacqueline TILLETTE, née à Abbeville le 28 octobre 1690, mourut sans alliance, dans la même ville, le 8 mai 1768.

XII

MATHIEU TILLETTE, sieur d'Yonval et de Ruigny, né à Abbeville le 24 septembre 1664; l'un des gardes du corps du roi, compagnie de Villeroi, brigade de Brissac, en 1707. Il mourut avant 1737.

Marié par célébration du 9 février 1695, paroisse de Rouvroy-lès-Abbeville :

A demoiselle MARIE-ANNE DIEUDONNÉ, fille d'Antoine et de demoiselle Marie Coulombel.

Dont :

1° Mathieu TILLETTE, sieur de Ruigny, né à Rouvroy-lès-Abbeville le 2 août 1696, fut officier d'infanterie, et vivait encore le 4 octobre 1753.

Marié :

A demoiselle N.... DE RÉMILLY, vivante à Fressenne-ville en 1742.

2° Pierre TILLETTE, né à Rouvroy-lès-Abbeville le 20 novembre 1697, prêtre chanoine de Noyelle-sur-Mer en 1727.

3º Joseph-César TILLETTE, né à Rouvroy-lès-Abbeville le 23 août 1702, écuyer, seigneur de Ruigny, capitaine de milice, vivait en 1762, et mourut à Fressenneville, dans son fief de Ruigny, en 1778.

4º Claude-François TILLETTE, sieur d'Yonval, lieutenant à la suite du régiment d'Escars; originaire de Fressenneville, dit son acte mortuaire en date du 4 octobre 1753, paroisse de la Trinité d'Eu.

5º François TILLETTE, mort jeune.

6º Demoiselle Marie-Anne TILLETTE, née à Rouvroy-lès-Abbeville le 15 février 1699, vivait veuve en 1785, la dernière de sa branche. Elle est morte à Eu le 6 février 1786.

Mariée : 1º Par contrat du 21 février 1727 :

A noble homme Henri ROYEL, sieur de Montpellus, fils d'honorable homme Jehan et de demoiselle Marie-Anne Cordier. Il était né à Paris en 1683, et mourut à Eu le 22 septembre 1738.

2º Le 7 août 1743, paroisse de la Trinité d'Eu :

A Charles—Marie DE LINTOT, chevalier de Lintot, fils puîné de Jacques, chevalier, seigneur de Fontaines, ancien colonel d'infanterie, et de demoiselle Antoinette

7

Monchart. Il avait quarante-deux ans lors de son mariage, et mourut à Eu le 5 juin 1751.

7° Demoiselle Marie - Françoise TILLETTE, née à
Rouvroy-lès-Abbeville le 2 décembre 1709.

(Voir degré X, page 92, n° 4)

XI

TILLETTE DE BUIGNY porte d'azur au chevron d'or,
accompagné en chef de deux trèfles de même et en pointe d'un lion d'argent;
au chef d'or,
chargé d'un lion léopardé de sable, armé et lampassé de gueules.

JEAN TILLETTE, né à Abbeville le 29 juillet 1639, fils de Mathieu, seigneur de Ruigny, et de demoiselle Louise de Dompierre, dame de Buigny, Yonval, Espagne et du Camp du Bourg, sa première femme, fut écuyer, seigneur de Buigny-Saint-Macloud. Il servit

dès l'année 1658 dans la compagnie de Mercatel au
régiment d'Arbouville, assista aux sièges de Menin,
d'Ypre et d'Oudenarde. Il quitta ce régiment pour
s'attacher à la personne du roi en qualité de gendarme
de sa garde. Il fit toutes les campagnes de cette époque
et assista aux sièges de Charleroy, Douay, Tournay,
Courtray, Oudenarde et Lille. Il y reçut plusieurs
blessures et fut, en cette considération et en celle de
ses longs services, anobli par lettres du mois de
janvier 1668, qui furent confirmées en 1680. Il vivait
encore en 1697.

Marié: 1º par contrat du 12 juin 1661, devant
Mᵉ Antoine de Boullogne, notaire à Abbeville :

A demoiselle MARIE NACART, née en 1644, fille
d'Antoine, écuyer, sieur de Hodicq et de Wadicourt,
et de demoiselle Marie Le Caron, sa deuxième femme.
Elle a testé le 1ᵉʳ novembre 1663, et mourut à Abbeville
le 21 décembre suivant.

2º Par contrat du 14 novembre 1668, devant
Mᵉ Antoine Lefebvre, notaire à Abbeville :

A demoiselle MARIE DE FARSY, dame du Mesge,
fille de noble homme Gilles, sieur du Mesge, et de
demoiselle Marie Danzel de Boffles. Elle vivait veuve
en 1716.

Dont du premier lit :

1° Demoiselle Marie TILLETTE, née à Abbeville le 3 août 1662. Elle mourut jeune, quelques mois après le décès de sa mère.

2° Demoiselle Louise - Jacqueline TILLETTE, née à Abbeville le 14 novembre 1663 ; n'a vécu que dix à douze jours, et mourut avant sa mère.

Du deuxième lit :

3° Jean TILLETTE, écuyer, seigneur de Buigny, qui suit.

4° Claude TILLETTE, né à Abbeville le 1.er juin 1671.

XII

JEAN TILLETTE, écuyer, seigneur de Buigny-Saint-Macloud et du Mesge, né à Abbeville le 7 décembre 1669, a fait bâtir le château de Buigny et y est mort le 16 octobre 1758.

Marié à Abbeville le 3 juillet 1695 :

A demoiselle MARIE - EDMÉE DANZEL, dame de Boffles [1], fille de noble homme Claude et de demoiselle Catherine Pignier. Elle est morte à Abbeville, âgée de

---

[1] Le fief de Boffles est situé à Neuilly-l'Hôpital, près Abbeville.

quatre-vingt-quatre ans, le 8 avril 1762, et fut inhumée
à Buigny.

Dont :

1° Jean TILLETTE, écuyer, sieur de Buigny, qui suit.

2° Claude TILLETTE, écuyer, sieur du Mesge, né à
Abbeville le 30 décembre 1699. Il fut prêtre, licencié
en théologie, chanoine de l'église royale et collégiale de
Saint-Vulfran en juillet 1730. Il a testé le 31 juille
1775, mourut le 2 août 1777 et fut inhumé à Saint-
Vulfran.

3° Nicolas TILLETTE, né à Abbeville le 6 avril 1702.

4° Nicolas TILLETTE, né à Abbeville le 8 juillet 1703,
fut écuyer, sieur de Boffles, et mourut sans alliance, à
Buigny, le 8 juin 1755.

5° François TILLETTE, né à Abbeville le 24 août
1704.

6° François TILLETTE, écuyer, né à Abbeville le 29
août 1705, fut lieutenant d'infanterie au régiment
Royal, et mourut à Reggio en Italie.

7° Demoiselle Marie-Edmée TILLETTE, née à Abbeville
le 6 décembre 1696, mourut à Aigneville le 24 juillet
1720.

Mariée par contrat du 15 mai 1713 :

A Antoine-Charles DANZEL, écuyer, sieur de Lignières, né en 1690, fils de Charles et de demoiselle Jacqueline du Maisniel d'Applaincourt. Il se remaria en 1722 à demoiselle Marie-Geneviève Lesperon d'Ochancourt.

8° Demoiselle Catherine TILLETTE, née à Abbeville le 6 décembre 1697, mourut à La Triquerie le 7 juillet 1776.

Mariée par contrat du 6 février 1722 :

A Pierre DU MAISNIEL, écuyer, seigneur d'Applaincourt et de La Triquerie, gentilhomme de la vénerie du roi, fils de Pierre, écuyer, seigneur d'Applaincourt et de Halable, et de demoiselle Catherine Pingré. Il est mort le 26 août 1755, âgé d'environ soixante ans, et fut inhumé dans l'église de Canchy, paroisse de sa maison de La Triquerie.

9° Demoiselle Marie-Austreberthe TILLETTE, née à Abbeville le 22 mars 1701, religieuse de Saint-François, dite sœurs grises, sous le nom de sœur Sainte-Austreberthe. Elle est devenue supérieure de sa maison, et mourut le 21 septembre 1788.

10° Demoiselle Geneviève-Angélique TILLETTE, née à Abbeville le 27 juillet 1706, religieuse de Saint-François, dites sœurs grises, sous le nom de mère Sainte-Gertrude, morte le 7 novembre 1783.

11° Demoiselle Françoise TILLETTE, née à Abbeville le 4 octobre 1707, religieuse à l'Hôtel-Dieu d'Abbeville, sous le nom de sœur de Saint-Jean-Baptiste.

12° Demoiselle Marguerite TILLETTE, demoiselle de Buigny, morte sans alliance, à Abbeville, le 9 janvier 1795.

13° Demoiselle Jeanne-Aimée TILLETTE, née à Abbeville le 10 décembre 1710, y mourut le 3 mai 1712.

XIII

JEAN TILLETTE, écuyer, seigneur de Buigny-Saint-Macloud, du Mesge, de Boffles et de Mérival, né à Abbeville le 11 janvier 1699, et mourut à Buigny le 3 mai 1775.

Marié par contrat du 6 juin 1729, devant Mᵉ Devismes, notaire à Abbeville :

A demoiselle MARGUERITE-CATHERINE LE BOUCHER DU CASTELET, fille de Charles-Pierre, écuyer, seigneur de Biencourt, et de feue demoiselle Catherine de Ponthieu. Elle mourut le 7 février 1773, et fut inhumée à Buigny.

Dont :

1° Pierre-Jean TILLETTE, écuyer, sieur de Buigny, qui suit.

2° Demoiselle Jeanne-Anne-Catherine-Marguerite TILLETTE, demoiselle de Buigny, née à Abbeville le 13 mai 1731, y mourut le 15 février 1780.

Mariée à Abbeville le 8 juin 1757 :

A Charles-Louis PICQUET, chevalier, seigneur de Bonainvillers, Noyelles-en-Chaussée, Elcourt, Cressy, Château-Thomas, veuf sans enfants de demoiselle Marie-Anne Le Boucher d'Ailly, et fils d'Éléonor Picquet, chevalier, seigneur de Bonainvillers, et de demoiselle Françoise de Beauvarlet de Bomicourt. Il était ancien capitaine et major au régiment de Piémont, chevalier de l'ordre royal et militaire de Saint-Louis. Il fut mayeur d'Abbeville en 1755, et mourut à Noyelles le 11 septembre 1772, âgé de quatre-vingts ans environ.

3° Demoiselle Catherine-Josèphe TILLETTE DE BUIGNY, demoiselle de Mérival, née en 1736, morte à Abbeville le 6 septembre 1804.

Mariée par contrat du 13 février 1762 :

A Jean-Baptiste-Marie MANNESSIER, vicomte DE SELIN-COURT, chevalier, seigneur de Ramelies, Aussy, Gaillon, né en 1743, lieutenant de dragons dans le régiment d'Aubigné, mort à Abbeville le 9 août 1816.

4° Demoiselle Marie-Claudine TILLETTE, demoiselle

de Goussicourt, née à Abbeville le 30 mars 1742, morte
le 17 décembre 1822.

Mariée à Abbeville le 22 octobre 1765 :

A Pierre DU MAISNIEL, comte D'APPLAINCOURT, chevalier, seigneur de La Triquerie, Bellifontaine, Canchi,
Ouville-le-Bus, Esselin, né à Abbeville le 28 décembre
1722, capitaine au régiment d'infanterie de Hainaut,
chevalier de l'ordre royal et militaire de Saint-Louis,
mort à La Triquerie le 29 avril 1800.

XIV

PIERRE-JEAN TILLETTE, écuyer, seigneur de Buigny-
Saint-Macould, de Boffles, du Mesge, de Mérival,
vicomte de Biencourt, né à Abbeville le 28 février
1730, a servi quelque temps au régiment de Bourgogne,
cavalerie, et est mort à Buigny le 22 octobre 1790.

Marié par contrat du 14 février 1768, devant Mᵉ De-
visines, notaire à Abbeville :

A demoiselle MARIE-JEANNE-CHARLOTTE-ANTOINETTE
LE BLOND DU PLOUY, dame, de Valcayeux et de
Montheury, née à Abbeville le 11 novembre 1744, fille
aînée de Charles-François-Antoine-Marie Le Blond,

chevalier, seigneur du Plouy, Acheux, Zalleux, maréchal des camps et armées du roi, chevalier de l'ordre royal et militaire de Saint-Louis, et de feue demoiselle Elisabeth-Charlotte de Rambures, dame de Valcayeux et de Mont-henry. Elle est morte veuve, à Port, le 30 octobre 1808.

Dont :

1° Jean TILLETTE, chevalier, seigneur de Buigny, qui suit.

2° Marie-Joseph TILLETTE, chevalier de Buigny, qui suivra degré XV, page 111.

3° Joseph-Alphonse TILLETTE, sieur de Ruigny et du Vallevret, qui suivra degré XV, page 113.

4° Demoiselle Catherine-Charlotte TILLETTE, née à Abbeville le 29 août 1771.

Mariée le 21 décembre 1795, à Port, canton de Nouvion :

A Alexandre-Joseph CANNET, né à Lille le 11 juillet 1767 ; fils aîné d'Augustin-Adrien Cannet, écuyer, seigneur de Neuville et de Roders près Lille, et de dame Séraphine-Henriette-Josèphe de Ruelle.

5° Demoiselle Madeleine-Françoise TILLETTE, demoi-selle de Mérival, née à Abbeville le 7 mars 1774, y est morte le 12 décembre 1854, et a été inhumée à Buigny.

Mariée par contrat du 26 septembre 1796 :

A Marie-Robert-Michel-François-Xaxier DE FREYTAG, chevalier, baron de Freytag, seigneur de la prévôté de Bellencourt, ancien capitaine au régiment de La Marck, chevalier de l'ordre royal et militaire de Saint-Louis, né en 1765 ; fils de François-Xavier de Freytag, chevalier, baron, ancien lieutenant-colonel du régiment de La Marck, lieutenant-général des armées du roi, grand'croix de l'ordre royal et militaire de Saint-Louis, commandant à Valenciennes, et de dame Françoise-Victoire Gaffé, dame de la Prévôté et du Camp-Saint-Pierre.

XV

JEAN TILLETTE, chevalier, seigneur de Buigny-Saint-Macloud, né jumeau à Abbeville le 29 août 1759, capitaine de cavalerie réformé au régiment de Bourgogne, mort à Abbeville le 8 janvier 1845, inhumé le 10 à Buigny.

Marié à Vauchelles, près Abbeville, le 25 août 1794 :

A demoiselle CHARLOTTE DE BELLEVAL, demoiselle de Cocquerel, née à Abbeville le 1er avril 1777, fille de Mre Louis-René de Belleval, chevalier, seigneur du

Bois-Robin, Digeon, Duronval, Saint-Eloy, capitaine de cavalerie, ancien chevau-léger de la garde du roi, chevalier de l'ordre royal et militaire de Saint-Louis, et de demoiselle Marie-Geneviève-Charlotte-Madeleine Crignon, dame de Beauverre, Courcelles, Vicquemont, Cocquerel et Frettemeule. Elle est morte à Abbeville le 21 janvier 1850 et fut inhumée à Buigny.

Dont :

1° Jean-Raoul TILLETTE DE BUIGNY, né à Abbeville le 7 juillet 1795, y est mort le 7 décembre 1796.

2° Jean-Adolphe TILLETTE DE BUIGNY, né à Abbeville le 31 mars 1798, mort sans enfants, dans la même ville, le 15 mars 1824, et fut inhumé à Buigny-Saint-Macloud.

Marié par contrat du 19 mars 1822 :

A demoiselle Henriette-Alexandrine DE COSSETTE, fille de Mre Jean-Marie, chevalier de Cossette, chevalier de l'ordre royal et militaire dé Saint-Louis, ancien capitaine au régiment de Colonel-Général, infanterie, chef de bataillon en retraite, et de feue dame Marie-Catherine-Adrienne Ducrocq de Baneres.

Dont :

Jean-Charles-Marie-Adolphe TILLETTE DE BUIGNY, né à Abbeville en 1823, décédé le 8 août de la même année, à l'âge de sept mois, et fut inhumé à Buigny-Saint-Macloud.

Mme Henriette-Alexandrine de Cossette, veuve de M. Jean-Adolphe Tillette de Buigny, s'est remariée en février 1835 au baron Eugène Berger de Castellan, capitaine adjudant-major au 11e dragons, chevalier de la Légion-d'honneur et de Saint-Ferdinand d'Espagne.

3° Demoiselle Charlotte-Louise TILLETTE DE BUIGNY, née à Abbeville le 4 août 1796, morte sans enfants le 3 septembre 1821.

Mariée :

A Louis-Marie DOUVILLE DE MAILLEFEU, né à Abbeville le 28 avril 1791, ancien garde du corps du roi, sergent des gardes ordinaires à pied de Sa Majesté; fils de Pierre-Jean-François, chevalier, seigneur de Maillefeu et de Douville-lès-Ailly, et de demoiselle Anne-Ursule-Aimée Maurice de Villeroy-Beauregard. Il s'est remarié à demoiselle Anne Briant.

4° Demoiselle Madeleine-Claire TILLETTE DE BUIGNY, née le 27 avril 1800, morte à Abbeville le 14 avril 1809.

5° Demoiselle Clémence-Isaure TILLETTE DE BUIGNY, née le 15 septembre 1803, morte le 18 septembre 1818.

(Voir degré XIV, page 107, n° 2)

X V

MARIE-JOSEPH TILLETTE DE BUIGNY, second fils jumeau de Pierre-Jean, chevalier, seigneur de Buigny-Saint-Macloud, vicomte de Biencourt, et de demoiselle Marie-Jeanne-Charlotte-Antoinette Le Blond du Plouy, est né à Abbeville le **29** avril 1769. Il fut seigneur de la vicomté de Biencourt, lieutenant au corps des carabiniers, et a émigré au moment de la révolution. Après avoir fait plusieurs campagnes dans les armées des princes français, il rentra en France en **1795**, fut fait chevalier de l'ordre royal et militaire de Saint-Louis en 1815, maire de Forest-Montier.

Marié le **7** février **1793**, à Aix-la-Chapelle :

A. demoiselle MARIE-THÉRÈSE-ELISABETH ROUISSE, née le 19 octobre **1772** à Aix-la-Chapelle, fille de Joseph Rouisse et de demoiselle Marie-Catherine Lintsen.

Dont :

1° Joseph TILLETTE DE BUIGNY, né le 2 mars 1793, mort à neuf mois.

2º Demoiselle Marie-Jeanne-Charlotte-Antoinette-Emilie TILLETTE DE BUIGNY, née à Montfermeil, département de Seine-et-Oise, le 7 septembre 1805, élève de la maison royale de Saint-Denis.

(Voir degré XIV, page 107, n° 3)

XV

Joseph-Alponse TILLETTE, né à Buigny le 2 dé—
cembre 1780, fils de Pierre-Jean Tillette, chevalier,
seigneur de Buigny, et de demoiselle Marie-Jeanne-
Charlotte-Antoinette Le Blond du Plouy, fut sieur de
Ruigny et du Vallevret, fiefs situés à Fressenneville. Il
mourut à Paris le 16 février 1841.

Marié à Abbeville le 19 janvier 1801 :

A demoiselle Jeanne-Emilie LEVESQUE DE NEU-
VILLETTE, née à Abbeville le 21 mai 1782, fille de
Pierre - Charles - Alexandre Levesque de Neuvillette,
capitaine de grenadiers royaux, chevalier de l'ordre
royal et militaire de Saint-Louis, et de demoiselle
Louise-Jossine Le Petit de Grigny. Elle est morte à
Abbeville le 25 novembre 1843.

Dont :

Jean-Louis-Saint-Ernest Tillette de Buigny, qui
suit.

8

XVI

Jean-Louis-Saint-Ernest TILLETTE DE BUIGNY, né à Abbeville le 17 janvier 1816, maire de Buigny-Saint-Macloud, membre du Conseil d'arrondissement d'Abbeville[1].

Marié à Saint-Omer le 11 décembre 1850 :

A demoiselle Marie-Caroline-Mathilde DE LENCQUESAING, née à Saint-Omer le 14 mai 1826, fille de Louis-Eugène-Martial de Lencquesaing et de demoiselle Marie-Elise-Adélaïde de Rouvroy de Beaurepaire.

Dont :

1° Jean-Marie-Paul Tillette de Buigny, né à Abbeville le 13 septembre 1853, décédé dans la même ville le 25 octobre 1853.

2° Jean-Marie-Alfred Tillette de Buigny, né à Abbeville le 19 février 1855.

3° Marie-Elise-Jeanne Tillette de Buigny, née à Saint-Omer le 12 décembre 1851, morte dans la même ville le 1er janvier 1852.

---

[1] Après la mort de son oncle Jean Tillette de Buigny, il a pris le nom de Tillette de Buigny que portaient ses aïeux aînés de la famille, et comme étant le seul descendant de la branche des Tillette, seigneurs de Buigny-Saint-Macloud, du Mesge, de Biencourt et de Ruigny.

(Voir degré IX, page 89, n° 4)

X

Louis TILLETTE, né à Abbeville le 19 mars 1626, fils de Mathieu, sieur de Ruigny, et de demoiselle Marie Warré, fut écuyer, sieur du Bus, l'un des gendarmes de la garde du roi. Il vivait en 1665 et 1668, et mourut à Abbeville le 25 avril 1700. Il fut inhumé à Saint-Vulfran.

Marié en 1666 :

A demoiselle MARIE VINCENT, fille de Nicolas, écuyer, seigneur d'Hantecourt et de Raimecourt, lieutenant criminel à Abbeville, et de demoiselle Catherine Le Roi de Saint-Lau. Elle vivait veuve en 1705, et mourut à Abbeville le 18 mars 1712.

Dont :

1° Louis TILLETTE, écuyer, sieur du Bus, garde de la porte du roi, vivait en 1709 et mourut sans alliance, à Abbeville, le 28 septembre 1742. Il était âgé de soixante-quinze à quatre-vingts ans.

2° Demoiselle Marie TILLETTE, a fait un testament

mutuel avec son premier mari le 1ᵉʳ mars 1693, et en a fait un autre le 25 août 1747. Elle est morte à Abbeville le 22 janvier 1748, âgée d'environ quatre-vingt-dix ans, et fut inhumée à Saint-Vulfran.

Mariée : 1° par contrat du 1ᵉʳ mars 1691 :

A noble homme Jean-Baptiste MONTMIGNON, sieur d'Héricourt, conseiller au présidial d'Abbeville, fils de Jean-Baptiste et de demoiselle Isabeau Le Grand, la première de ses trois femmes. Il mourut à Abbeville le 24 août 1706.

2° A André-Thomas BERTAUD, sieur de Juvigny, gendarme de la garde du roi, puis officier au régiment de Royal Piémont.

(Voir degré VIII, page 88, n° 2)

IX

Jean TILLETTE, second fils de Mathieu, sieur de Ruigny, mayeur d'Abbeville, et de demoiselle Marie Aliamet de Berville, sa première femme. Il fut sieur de Becquefebvre, échevin en 1627, et mourut à Abbeville le 9 février 1661. Son testament olographe est du 27 septembre 1658.

Marié : 1° par contrat du 4 octobre 1608 :

A demoiselle MARIE DUVAL, fille d'honorable homme Jean et de demoiselle Marguerite Belle, sa première femme.

2° Par contrat du 27 juin 1621 :

A demoiselle MARIE DE BUISSY, fille d'honorable homme Claude et de demoiselle Jeanne Belle. Elle mourut à Abbeville le 25 janvier 1679.

Dont du premier lit :

1° Demoiselle Marie TILLETTE, mourut veuve à Abbeville le 7 septembre 1680.

Mariée par contrat du 21 juin 1637 :

A honorable homme Adrien FOYELLE, fils d'honorable homme Jean et de demoiselle Charlotte Danzel.

Et du deuxième lit :

2° Jean TILLETTE, né à Abbeville le 24 février 1624, mort jeune.

3° Nicolas TILLETTE, né à Abbeville le 15 février 1627, y mourut en juin 1653.

4° Jean TILLETTE, né à Abbeville le 14 novembre 1628, fut prêtre, bachelier en théologie, chapelain de la grande communauté de Saint-Vulfran, chanoine de la même église le 4 septembre 1664, et curé de la paroisse de Saint-Nicolas en Saint-Vulfran. Il mourut le 26 juillet 1678.

5° Charles TILLETTE, qui suit.

6° Jacques TILLETTE, né à Abbeville le 6 juin 1634.

7° N... TILLETTE, né à Abbeville le 6 juin 1634.

8° Paul TILLETTE, né à Abbeville le 12 juillet 1644, y mourut le 19 mai 1657.

9° Mathieu TILLETTE, a testé le 18 septembre 1674, et était majeur lorsqu'il mourut à Abbeville le 23 septembre de la même année.

10° Demoiselle Isabelle TILLETTE, née à Abbeville le 1er janvier 1623, y mourut le 15 juillet 1671.

11° Demoiselle Jeanne TILLETTE, née à Abbeville le 13 novembre 1625, y mourut le 22 février 1658.

12° Demoiselle Françoise TILLETTE, née à Abbeville le 27 octobre 1632.

13° Demoiselle Geneviève TILLETTE, née à Abbeville le 31 janvier 1638.

X

CHARLES TILLETTE, sieur de Woirel et de Becque-febvre, né à Abbeville le 9 août 1630, a testé le 1er novembre 1675 et mourut à Abbeville le 5 du même mois.

Marié par contrat du 30 juillet 1670 :

A demoiselle AGNÈS DUGARDIN, fille de feu Philippe et de demoiselle Marie Hocquet. Elle est morte à Abbeville le 29 novembre 1727, âgée de soixante-dix-neuf ans.

Dont :

1° Charles-Honoré TILLETTE, qui suit.

2° Demoiselle Marie-Isabelle TILLETTE, née à Abbeville le 22 juillet 1672.

3° Demoiselle Agnès TILLETTE, née à Abbeville le 15 mai 1673, est morte en 1705.

Mariée par contrat du 11 juillet 1696 :

A Jean-François du Bus, chevalier, seigneur vicomte et pair de Wailly-Beaumont, fils de René et de demoiselle Charlotte de Sarcus de Courcelles. Il était lieutenant au régiment de dragons d'Artois.

4° Demoiselle Marie-Elisabeth TILLETTE, née le 4 avril 1675, morte à marier.

X I

CHARLES-HONORÉ TILLETTE, écuyer, seigneur de Woirel et de Maflé, né à Abbeville le 17 mai 1671, fut capitaine d'infanterie au régiment de Soissonnais, obtint des lettres de noblesse en 1702, fut mayeur d'Abbeville en 1725, et mourut en sa terre de Maflé, près Beaumont, en janvier 1751.

Marié par contrat du 8 janvier 1703 :

A demoiselle MARIE-ANNE LE BLOND, demoiselle de Condé, fille de noble homme Claude, seigneur de Favières, et de demoiselle Geneviève Duval. Elle est morte à Abbeville le 6 août 1718.

Dont :

1° Jean-François TILLETTE, écuyer, seigneur de Woirel, né à Abbeville le 24 août 1708. Capitaine au régiment d'infanterie Royal, il fut tué à la bataille de Fontenoy le 11 mai 1745.

2° Nicolas TILLETTE, écuyer, seigneur de Woirel et de Nullemont, né à Abbeville le 23 octobre 1709, fut aussi capitaine au régiment d'infanterie Royal, fut grièvement blessé à la mâchoire à la bataille de Fontenoy, fut nommé chevalier de l'ordre royal et militaire de Saint-Louis, et mourut sans alliance, à Abbeville, le 22 janvier 1771.

3° Mathieu TILLETTE, né à Abbeville le 5 décembre 1711, fut prêtre, religieux bénédictin de la congrégation de Cluny au prieuré de Saint-Pierre d'Abbeville, et vivait en 1785 à celui d'Elincourt, même ordre.

4° Demoiselle Marie-Thérèse TILLETTE, dame de Woirel, Montbrun, Bélair, Nullemont, née à Abbeville le 30 juin 1706, mourut sans alliance, dans la même ville, le 24 janvier 1772.

5° Demoiselle Agnès-Geneviève TILLETTE, dame de Boincourt, Maflé, née à Abbeville le 8 mars 1713.

Mariée à Paris le 13 janvier 1773 :

A Eustache-Antoine LE CLERC DE LESSEVILLE, ancien capitaine au régiment de Vermandois.

IMPRIMERIE BRIEZ, O. PAILLART ET RETAUX

www.ingramcontent.com/pod-product-compliance
Lightning Source LLC
Chambersburg PA
CBHW052220270326
41931CB00011B/2428